T0090828

Ди Пеннок

Кто Бог?

Кто я? Кто ты?

Order this book online at www.trafford.com
or email orders@trafford.com

Most Trafford titles are also available at major online book retailers.

Printed in the United States of America.

ISBN: 978-1-4269-5669-0 (sc)
ISBN: 978-1-4269-5670-6 (e)

Trafford rev. 02/11/2011

 www.trafford.com

North America & international
toll-free: 1 888 232 4444 (USA & Canada)
phone: 250 383 6864 ♦ fax: 812 355 4082

С благодарностью о. Андрею, настоятелю Американской Православной Церкви Святого Архистратига Михаила с2000 по 2010 годы, г. Неварк, штат Делавер

Издательство Траффорд

Ди Пеннок,
Кто Бог? Кто я? Кто ты?
Перевод И.Бабушкиной. Под редакцией о. Виктора, настоятеля Американского Православного Собора Святого Стефана, г. Филаделфия
ISBN: 978-1-4269-5669-0 (sc)
ISBN: 978-1-4269-5670-6 (e)

«Достаточно ли хорошо вы знаете себя?»—спрашивает автор в первой главе. Эта замечательная небольшая книга о возрастании—психологическом, эмоциональном и духовном. Основанная на учении ранних отцов Христианства, она описывает потенциально заложенный образ Бога в каждом человеке и пути возрождения его в себе в повседневной жизни. В обновлённом и доступном стиле автор описывает такие сложные вопросы как представление о самом себе, принятие решений, комплексы ложной вины, дар сексуальности, ответственность, просьба или молитва и бесконечная любовь Бога к каждому человеку. Написанная в стиле руководства к самопознанию для подростков на основе христианской психологии, эта книга будет чрезвычайно полезна также и для взрослых, которые стремятся найти Божий путь в жизни.

Содержание

Введение

Кто эти люди, которые действительно вас понимают

У христианской Церкви много сокровищ, которые созданы и сохранены с ранних времён, но мы, толком не зная всего, утратили способность ими пользоваться. Нам только нужно к ним вернуться, открыть эту сокровищницу с драгоценными камнями священной мудрости, перебрать, изучить их снова и начать использовать. Полная система христианской психологии как путь познания себя через Бога является одним из таких сокровищ. Навыки приобретения самопознания через Бога были весьма известны и развиты, начиная с первых столетий христианства. Они описаны в трудах святейших людей ранней Церкви, известных как «писания Святых отцов Церкви». Так кем же были эти люди, «отцы Церкви», достигнувшие мастерства в познании себя через Бога? Многие из этих святых учителей участвовали в великих Вселенских Соборах, установивших Символ Веры, Богослужения, Богословие и Канонический закон Церкви. Многие из них были бесстрашными мучениками. Многие были священниками. И многие были мирянами. Их зовут «Святыми отцами», потому что они помогали людям родиться в Боге, приводили их к жизни духовной. Эти Святые отцы (включая Святых отцов в современном мире) и есть те добрые пастыри, которых Бог пообещал послать нам, чтобы они вели и заботились о нас. Сам Бог живёт в добрых пастырях и говорит им, что делать для нас и чему учить. Как сказано в Библии: «Ибо никогда пророчество не было произносимо по воле человеческой, но изрекали его святые Божии человеки, будучи движимы Духом Святым» (2 Петр, 1:21).

Но мы приняли не духа мира сего, а Духа от Бога, дабы знать дарованное нам от Бога. Что и возвещаем не от человеческой мудрости изученными словами, но изученными от Духа Святого, соображая духовное с духовным.–1 Кор. 2:12,13

Бесспорно, святые люди представляют факты своей жизни, а не вымышленные теории о Боге и людях. Апостолы, повествующие нам о Боге в Библии, говорили: «Мы не можем не говорить того, что видели и слышали» (Деяния 4:20). Отцы ранней Церкви были подобны апостолам. Они учили только тому, что сами знали о Боге из личного опыта. «Мы передаём в писаниях то, что знаем,–писал один из них, Святой Исихий,–И о том, что видели на своём пути, мы свидетельствуем для тех, кто желает принять наши слова». Все Святые отцы были такими. В доме или вне дома, они проводили дни в постоянном общении с Богом, и на основании фактов своей жизни писали письма и книги, рассказывающие нам о жизни в Боге. И действительно, когда человек излагает жизненные факты искренне, то сомневаться в его живой вере и действительной жизни во Христе не приходится. Святой Григорий Синайский говорил: «Тот человек проповедует Евангелия, кто сам, следуя им, может в равной степени передавать другим свет Христа. Подобно божественному сеяльщику он сеет Слово в душах своих слушателей».

Святых пастырей Божьих легко узнать по содержанию их посланий, поскольку они очень близки друг к другу. Не пытаясь самостоятельно толковать Слово Божье, Святые отцы прислушиваются к тому, как объясняет Его Святой Дух. И только мудрость, сходящая свыше, даёт им способность толковать Слово Божье другим людям. Сотни Святых отцов из личного опыта пришли к одинаковым открытиям о том, каков есть Бог и каковы люди, потому что они позволили Святому Духу действовать в них. В своих мыслях и действиях они не полагались только на себя, ибо осознавали: «Боже! Ты знаешь безумие мое, и грехи мои не сокрыты от Тебя» (Пс. 68:6). Только Бог мог дать стольким разным людям в точности одни и те же ответы на многочисленные важные вопросы в жизни.

Такое согласие между святыми людьми удивительно, но причина его очень простая. Очищенные от своих грехов и эгоистичных желаний, они смотрят на мир и ясно видят истину. Всё, сквозь что мы глядим, будь то очки, телескоп или микроскоп, должно быть чистым, если желаем видеть идеально чистое изображение предмета. Если на линзах микроскопа есть пятна, учёный может наблюдать только искажённое изображение реальной картины. То же самое происходит, когда мы пытаемся определить истину. Поскольку мы воспринимаем окружающий мир сквозь «линзы» наших собственных ощущений и мыслительного процесса, вследствие этого, если на наших «линзах» есть пятнышки грехов и эгоистичных желаний, то мы не способны разглядеть истину. Как невозможно увидеть рыбу в мутной воде, так нельзя ясно определить истину, если мы духовно нечисты и раздираемы неконтролируемыми эмоциями. Причина, по которой люди зачастую так сильно расходятся во взглядах на христианскую веру, заключается в том, что они пытаются прийти к ответам, не став прежде святыми, а это невозможно. Человек должен быть святым и реально жить с Богом, чтобы понять, в чём заключается действительная жизнь. В противном случае, даже с наивысшим на земле коэффициентом интеллекта, мы наделаем массу ошибок. В ранней Церкви было несколько мужей, которые являлись блестящими мыслителями, но не смогли достигнуть достаточного очищения для познания истины. Поэтому Святые отцы никогда не ссылаются на них (если только они не должны исправить какую-нибудь крайне серьёзную ошибку) и просто скромно пишут таким образом, чтобы противодействовать этим ошибкам, не упоминая их имён.

> *Причина, по которой возникли такие большие различия и ошибки среди толкователей Святого Писания, состоит в том, что большинство из них, не обращая ни малейшего внимания на загрязнение своего ума, бросаются объяснять Писание, и пропорционально глубине нечистоты их сердец, создают мнения, различные друг от друга и даже противоположные друг другу и Вере, и, таким образом, не способны вывести на свет истину.—Св. Іоанн Кассиан*

Самым верным признаком Божьих пастырей является не их личная святость, не их потрясающая духовная сила (поскольку они демонстрировали всевозможные чудеса), и даже не их славное мученичество. Это их единство. Единство—это вершина послушания Христу, который сказал: «Истинно, истинно говорю вам: принимающий того, кого Я пошлю, Меня принимает; а принимающий Меня принимает Пославшего Меня» (Иоанн, 13:20). Святые отцы из многих стран и разных веков, все принимают один другого с любовью. Различные между собой, они всегда ведут в одном направлении, постоянно изучают и цитируют труды друг друга, радуясь своему духовному согласию и единству в Боге. Как сказал один из них: «Если внимательно посмотреть, то слова святых никогда не расходятся между собой. Они одинаково глаголят истину, при необходимости мудро преобразуя свои суждения о конкретном предмете». Прекрасное единство является наградой за высшую любовь к Богу и любовь между собой, соответствует молитве Иисуса обо всех верующих в него: «Да будут все едино, как Ты, Отче, во Мне, и Я в Тебе, так и они [христиане] да будут в Нас едино,—да уверует мир, что Ты послал Меня» (Иоанн, 17:21).

Задумывались ли вы когда-нибудь над тем, как много времени и усилий люди тратят на изучение всевозможных профессий и так мало—на получение знаний о том, как нужно прожить свою жизнь? Для получения профессионального образования в области музыки, медицины или юриспруденции, очень важным считается выбрать самых лучших учителей, не так ли? Для приобретения профессиональных навыков никто не станет полагаться только на свою интуицию или природный талант, а тем более на советы малознающих о предмете людей. Но ни одна из профессий в мире не сравнится по важности с умением успешно и достойно прожить свою жизнь. Без сомнений, каждый осознаёт, что никакая профессия в мире не спасёт человека, кто беспорядочно ведёт личную жизнь и не умеет счастливо жить с другими. Таким образом, видно, насколько важны для любого из нас те учителя, которые обдуманно или случайно будут проводниками в нашей жизни. Как живёт большинство людей сегодня? Они ведомы по жизни случайными событиями и людьми—от примитивных телевизионных фантазий до непутевых друзей. Как можно быть столь разборчивыми в вопросах образования или получения профессии и одновременно легкомысленно пренебрежительными, когда дело касается выбора тех, кто даёт нам знания о жизни? Подобный вопрос возник много веков назад, и вот что сказали об этом некоторые Святые отцы.

Что можно ожидать? Как маловероятно, что человек пойдёт по неисследованной тропе без настоящего проводника, так в равной степени и то, что человек вряд ли примется за изучение науки или искусства без опытного учителя. Так кто же осмелится попытаться практически изучать искусство искусств и науку наук как вступить на тропу, ведущую к Богу, что есть сама Жизнь, и пуститься в плаванье по морю безграничного воображения своего ума без проводника, навигатора, без истинных и опытных учителей? Кто бы ни был этот человек, он в действительности обманывает себя и сбивается с пути, даже не начав его.—Св. Каллист и Игнатий

Не зная каждого из нас, Святые отцы понимают нашу сущность куда лучше, чем мы сами можем понять себя, потому что они настолько близки к нашему Создателю, что познали от Него, кто мы есть на самом деле. Он дал им знания о сущности человеческой природы: что помогает или причиняет ей вред, что находится и не находится в её власти, о том, какой опыт нужен человеку для того, чтобы быть счастливым и какой опыт отнимает у него счастье, какие мысли укрепляют душевное здоровье и какие разрушают его безумием. Сегодня их учение поможет вам защитить себя от напрасной боли, завтра приведёт к неожиданной радости, а в дальнейшем распахнёт двери к любви столь сильной и прекрасной, которую на сегодняшний день даже невозможно себе представить.

В этой небольшой книге содержится лишь небольшая часть того, о чём говорили Святые отцы о человеческой природе. Но этого достаточно, чтобы раскрыть ваше настоящее «я». Молодые люди, уже прочитавшие все главы, согласны с тем, что получили новое познание о себе как новое открытие. Они стали понимать себя лучше, чем прежде, и у них появилось гораздо больше уверенности в том, к чему нужно стремиться в этой жизни. Я надеюсь, подобное случится и с вами, и Бог благословит вас через эти страницы, которые вы вот-вот прочтёте.

Глава 1

Достаточно ли хорошо вы знаете себя?

Представьте, кто-то попросил вас описать себя, и вы попытались сделать это на основе своих представлений о том кто вы. Возможно вы бы ответили о себе, что умны, привлекательны внешне, спортивны, ответственны, пользуетесь успехом, и, в целом, достаточно довольны собой. Но с другой стороны можно бы рассказать, как иногда вам недостаёт инициативности, вы легко отвлекаетесь от дела, часто испытываете скуку, и боитесь дать людям знать о том, что вас не устраивает, не желаете расстраивать родителей. И в то же время чувствуете себя одарённым в некоторых областях, но ведёте себя эгоистично и иногда по-детски, и часто вам сильно не нравятся люди вокруг, вы избегаете их, и уверены, что способны обходиться собственными силами, не прибегая к какой-либо помощи.

Откуда берутся наши представления о себе? Первым делом, от родителей или людей, находящихся в роли родителей–приёмных родителей, родственников, близких друзей семьи, учителей, тренеров или тех взрослых, которые несли ответственность за нас в течение сравнительно долгого периода нашей жизни. То, как они обращались с нами, когда мы были детьми, заставляет нас формировать определённые понятия о том, кто мы есть и чего можем от себя ожидать. Эти понятия являются настолько сильными в нашем подсознании и так глубоко внутри, что большую часть времени мы не подозреваем об их существовании.

Если родители или люди, которые исполняют их роль, относятся к нам так, как будто с нами всё в порядке, мы верим, что с нами всё в порядке. Если они ведут себя так, будто мы не можем без них жить, мы абсолютно убеждены в том, что не можем. Если они считают, будто нам не нужен контроль (или они не могут осуществлять его), мы принимаем это как должное, становимся неуправляемыми никем (включая нас самих). Злоупотребляют курением, алкоголем и наркотиками только те люди, которые на подсознательном уровне считают себя вне всякого контроля, и бессознательно подкрепляют эту идею постоянно через свои действия. Так происходит потому, что как бы мы ни думали о себе, плохое или хорошее, мы следуем нашим понятиям на подсознательном уровне и делаем всё возможное, чтобы подтвердить их верность.

Родители могут решать за нас, что мы способны или не способны делать какие-то вещи. Они могут обращаться с нами так, как будто мы очень умны, или напротив, весьма посредственны; или приятны и послушны, а может быть упрямы и склонны к бунту; или редкое исключение, как особый дар Божий для общества. А может быть и так, они решат, что мы нуждаемся в Боге. Или напротив вдруг, уверят нас, что только их, родителей, с небольшим количеством других способных людей окружающих нас достаточно для нашей жизни. Те представления о себе, которые сформировались в результате общения с родителями или людьми, исполняющими их роль, будут следовать с нами всю жизнь. До определенного уровня они дали нам начальные объективные знания о себе, хотя в дальнейшем будет ясно, что эти знания весьма поверхностны, а иногда даже неверны. Более того, скоро будет ясно, что и любые наши приобретенные представления о себе являются абсолютно далёкими от истины. Они вовсе не отражают нашей сущности. Но самое главное, что в большинстве случаев, даже при идеальных родителях, давших нам настолько полное знание о себе, какое они только могли дать, этих знаний не просто мало для жизни, а катастрофически недостаточно!

Когда Иисусу исполнилось двенадцать лет, Он знал, что пришла пора больше уделять внимания другим отношениям, помимо тех, что связывали Его с земной семьёй. Родители взяли Его с собой на большой праздник в Иерусалим. Когда праздник закончился, они отправились в обратный путь. И лишь после целого дня пути заметили, что с ними нет Иисуса. Обеспокоенные, они вернулись в Иерусалим искать Его и сумели найти только через три дня. Он ушёл от них лишь затем, чтобы отправиться в очень безопасное место, в Божий храм, и там они, в конце концов Его и нашли.

И, увидев Его, удивились; и Матерь Его сказала ему: Чадо! Что Ты сделал с нами? Вот, отец Твой и Я с великою скорбью искали Тебя.

Он сказал им: зачем было вам искать Меня? Или вы не знали, что Мне должно быть в том, что принадлежит Отцу Моему?–Лука, 2:48,49

Что же в действительности произошло? Он сказал, что не может быть с одним отцом, потому что должен быть с другим. Он не мог быть с Иосифом (который не был Его отцом по крови, но был в роли Его отца, пока Он был ребёнком), потому что Он должен был быть со своим небесным Отцом. Ясно ли вам, что с этого момента Иисус переходил от занятий в Его земной семье, семье Его детства, к делам своей необъятной небесной семьи? Несмотря на то, что Он продолжал жить со своими родителями, внимание Его было сосредоточено на всей Божьей семье, а не только на матери и Иосифе. Позже Он сказал просто: «Ибо кто будет исполнять волю Божию, тот Мне брат, и сестра, и матерь». (Марк, 3:35).

Опыт, пережитый Иисусом, приходит ко всем нам примерно к двенадцати годам. Мы начинаем чувствовать, что кроме наших собственных родителей и нашей земной семьи нам необходимо что-то ещё другое. Бог даёт нам это чувство, чтобы показать нам, что пора приблизиться к нашей небесной семье. Земных родителей достаточно нам для нашего детства, но затем Бог хочет полностью усыновить нас, чтобы мы приняли «Духа усыновления, Которым взываем: «Авва, Отче!» (К Римлянам, 8:15). Мы можем принять Божье усыновление или отвергнуть, так же, как человеческий организм может принять или отвергнуть какой-нибудь трансплантат от другого человека. Если принимаем Его, это значит, что начинаем исполнять свою роль как полноправные члены семьи Божьей. И наше усыновление Богом означает, что подобно тому, как мы физически похожи на членов своих физических семей, мы будем теперь духовно похожи на Бога и всех членов Его духовной семьи, Его и нашей. И подобно тому, как мы иногда наследуем материальные предметы от наших земных семей, мы теперь сможем наследовать духовные богатства, прекрасные добродетели и тот же дар, который унаследовал Иисус—воскресение после смерти.

> *Возлюбленные! мы теперь дети Божии; но еще не открылось, что будем. Знаем только, что, когда откроется, будем подобны Ему, потому что увидим Его как Он есть.—1-е Иоанна, 3:2*

> *Сей сам Дух свидетельствует духу нашему, что мы—дети Божии. А если дети, то и наследники, наследники Божии, сонаследники же Христу, если только с Ним страдаем, чтобы с Ним и прославиться.—Римлянам, 8:16,17*

Бог дарует нашим физическим родителям возможность произвести нас на свет и привести в этот мир. После этого Он посылает нам святых людей, делающих возможным наше духовное рождение. Мы называем наших духовных родителей «отцами», потому что, как сказал Святой Павел, они дают нам второе рождение на свет во Христе. Это значит, что они не только дают нам знания о Боге, но также приводят нас к совершенно новому состоянию, в единую семью Бога. В основном они делают это посредством крещения нас и показывают, как принять усыновление. Таким образом, через них мы рождаемся заново, «ни от крови, ни от хотения плоти, ни от хотения мужа, но от Бога» (Иоанн, 1:13).

Наступил момент внести дополнительные разъяснения о начальном познании себя через Бога. Все наши первые знания о себе приходят в основном от родителей или тех, кто исполняет их роль, сначала от физических, а затем от духовных. И в то же время мир преподносит нам множество других знаний, но всё это—не самопознание, и даже знания от психиатров не являются исключением из этого, если только сами психиатры не являются членами Божьей семьи и не наполнены Божьим знанием о человечестве. И если мы не желаем быть в Божьей семье и не получаем знаний от Бога, то наши знания о себе никогда не будут больше, чем есть сейчас. Мы научимся делать вещи, выглядящие по-взрослому, но не обретём зрелость. Мы будем взрослыми физически, но никогда не станем настоящими мужчинами или настоящими женщинами. Выглядеть взрослым ни в коей мере не то же самое, что быть зрелым. Человек становится зрелым, когда он хорошо знает себя, и единственный способ познать себя–обратиться к Богу. Недаром Он сказал своим прекрасным громоподобным голосом:

«Вы спрашиваете Меня о будущем сыновей Моих и хотите Мне указывать в деле рук Моих? Я создал землю и сотворил на ней человека; Я–Мои руки распростерли небеса, и всему воинству их дал закон Я. Я воздвиг его в правде и уровняю все пути его».–Исайя, 45:11-13

С другой стороны, нам нужно принять тот факт, что в нашем подсознании уже сформировались некоторые неверные убеждения относительно того, кто мы есть на самом деле. Эти подсознательные убеждение о самом себе чрезвычайно сильны, и они заставляют нас действовать в соответствии с ними, желаем мы того или нет. Большинство из них гораздо сильнее нашего сознания, и мы не способны противостоять им. Без Божьей помощи мы даже не всегда можем определить, каковы они. Например, человек с подсознательным убеждением, что его нельзя любить, может провести многие годы, пытаясь добиться симпатий по отношению к себе, стараясь понравиться людям. Но даже если он заставит кого-то полюбить себя, то его подсознательное убеждение всё равно будет преобладать. Неосознанно он будет делать всё больше поступков, отталкивающих от него людей, несмотря на все сознательные усилия, направленные к тому, чтобы привлечь их к себе. В конечном результате он так и не поймёт, почему его отвергли. Скорее всего, если все-таки кто-нибудь и полюбит его, то вряд ли он будет способен принять это чувство из-за своего подсознательного убеждения, будто его нельзя любить.

Только один Божий Святой Дух может изменить ошибочное подсознание и, как следствие, рассеять все смятения, возникшие из-за этого. Это отчасти и есть наше духовное возрождение в Божьей семье. Когда мы рождаемся заново в Божьей семье, мы исцеляемся от греха. А теперь вы, возможно, думаете, какое же отношние может иметь грех к вашим неверным представлениям о себе? Так вот, знаете ли вы, как ранние христиане определяли, что такое грех? Это всё, что является неразумным и нерациональным. Потому что всё неразумное имеет тенденцию разрушать нас, а саморазрушение есть страшный грех.

Все, что бы ни было сделано без благоразумия, есть проступок и по праву называется грехом.—Св. Климент Александрийский

Мы можем быть добродетельны или грешны в зависимости от того, как мы применяем вещи, благоразумно или глупо. Зло есть ошибочное суждение о вещах, сопутствуемое их неправильным использованием.—Св. Максим Исповедник

Действительно, разве не есть неразумие думать о себе то, что не является истинно реальным? И не безрассудство ли проводить свою жизнь согласно этим неверным убеждениям, вне связи с тем, чем мы являемся на самом деле? Это грех. Это то, что делают люди, когда они отдалены от Бога. И это то, о чём толкует Библия, когда она говорит, что в крещении мы умираем для греха, умираем для всего неразумного и начинаем осмысленную, новую благодатную жизнь во Христе. Таким образом, наша личность с ошибочными представлениями о себе способна умереть для жизни греховной, стерев память об этих ошибках в подсознании и оставив все вытекающие проблемы из-за этого в прошлом. Бог воспитывает нас, как своих детей, когда мы принимаем Его усыновление, и убеждения, которые Он даёт нам о нас самих, полностью истинны и верны.

Вы когда-нибудь слышали от людей выражение, что подростки—отчасти дети и отчасти—взрослые? Скорее всего, вы сейчас понимаете, что это не совсем так однозначно. В действительности, вы и то, и другое одновременно. Вы взрослый в своей земной семье и ребёнок в небесной. Да, со своими родителями вы сейчас взрослый. Но с Богом вы ребёнок. Вы можете ожидать, что Бог будет вполне снисходителен к вам, потому что вы Его ребёнок. Но вы не можете ожидать, что ваши родители будут вас по-прежнему баловать как ребёнка. Вы сейчас в равной степени с ними ответственны за благополучие семьи. Они делают что-то для вас, и вы должны делать что-то для них. Они поддерживают вас, поэтому вы должны стараться делать всё, о чём они вас просят. Ничего ребяческого нет в послушании тем, кто вас поддерживает. Это всего лишь честная игра. Однажды вам придётся делать это для работодателя, который даёт вам зарплату, на которую вы живёте, и он может просить вас делать что-то, что кажется вам столь же бессмысленным, сколь некоторые родительские указания.

Не для маленьких детей Бог сказал: «Почитай отца своего и мать свою». Они бы не поняли, о чём он говорит. Смысл сказанного может быть понятен юношеству. Когда человек взрослый, от него требуется вполне конкретное, а именно—понимать своих родителей, вместо того, чтобы ожидать только понимания себя с их стороны, как это было, когда он был ребёнком. Естественно, что если даже родители Иисуса волновались и задавали Ему вопросы, когда Он покинул их и ушёл, чтобы посвятить Себя делам Своего Отца, то и ваши родители определённо будут волноваться тоже! Взрослея, вам большую часть времени придётся тратить на осмысление себя и своего опыта, который вы будете получать в семье Божьей, и ваши родители непременно иногда будут неверно истолковывать то, что происходит. Они могут думать, что вы равнодушны, или ленивы, или у вас дурной характер, или вы эгоистичны. Вам следует этого ожидать. Вы также не должны формировать представления о себе на основании того, как они на вас реагируют. Если они обращаются с вами так, будто вы ребёнок, это не значит, что так оно и есть. От вас требуется понять то, что им нелегко видеть вас взрослого после того, как они провели столько лет с вами, ребёнком. Затем нужно нацелиться на совершенно взрослое дело: дать своим родителям столько помощи, сколько они попросят, и быть с ними настолько вежливыми и предупредительными, насколько возможно, но в то же время уделять большое внимание своему взрослению в Боге.

Там, где родители не чинят препятствий в вещах, принадлежащих Богу, вашей непреложной обязанностью является уступать им, и не делать этого опасно; но когда они требуют чего-то не вовремя и чинят пре-

пятствия в любом духовном вопросе, подчиняться им небезопасно.—Св. Иоанн Златоуст

Наша обязанность состоит в том, чтобы чтить святых учителей превыше наших родителей, потому что они являются средством нашего благополучного существования, но родители—всего лишь средство просто нашего существования.—Учения Святых Апостолов

Только начиная жить в Божьей семье и стремясь получить как можно больше знаний о себе от Бога, вы должны понимать, что не имеет никакого значения, есть ли у вас хоть какая-нибудь вера в самом начале. Как-то парализованный человек лежал у воды, возможно вам знакома эта история из Библии. Иисус подошёл к нему и сказал: «Знаешь ли ты, кто Я?» (Он, вероятно, имел в виду «Знаешь ли ты, что я—Христос и могу исцелить тебя?») Человек ответил «нет», он понятия не имел, кто такой Иисус. Думаете, Иисус решил, что у него нет веры, и ушёл? Отнюдь нет. Он тут же исцелил несчастного инвалида, и только позже тот узнал, что был исцелён Сыном Божьим.

Почему Иисус не потребовал веры от этого человека, как он делал в других случаях, говоря: «Верите ли вы, что Я могу это сделать?» А потому, что несчастный ещё не знал толком, Кто это.—Св. Иоанн Златоуст

Но, по крайне мере, когда Иисус подошёл, человек не прогнал Его. И когда Иисус спросил, хочет ли он исцелиться, тот не ответил с горечью: «Брось меня разыгрывать, оставь меня». Он был открыт. Это всё, что требуется. Так что, если вначале в вас нет глубокой веры, не беспокойтесь об этом. И никогда не делайте вид, что верите, если на самом деле это не так. Это только заставит почувствовать себя раболепным и неискренним, а для Бога не составляет никакой разницы. Ранние святые, учителя тысяч новых христиан, часто говорили: «В природе вещей, когда знание приходит прежде веры». Ведь это совершенно естественно, не так ли? Не нуждаетесь ли вы в том, чтобы сначала узнать кого-то, прежде чем верить ему? Как вы узнаёте кого-то? Слыша о нём, общаясь с ним, слушая его, говоря с ним. Вы узнаёте о различных блюдах тем же путём, пробуя их на вкус. Вы должны сперва их попробовать, прежде чем решить, подходят они вам или нет. Это то, к чему приглашает вас Писание в отношении Бога, оно говорит: «Вкусите, и вы поймете, как милостив Господь!». Для этого не нужна вера. По мере того, как вы будете читать главы этой книги, вы сможете убедиться в том, что это именно и есть то, когда вы пробуете на вкус Слово Божье.

Глава 2

За кем скрывается ваше настоящее «я»?

Согласитесь, что наблюдая за игрой актёра в разных ролях, трудно предугадать, каким человеком он является в реальной жизни, не правда ли? Так и мы, до тех пор, пока не овладеем познанием себя через Бога, в каком-то смысле похожи на актёров, чья настоящая жизнь во многом покрыта тайной. Жизнь кажется нам что-то вроде мистической игры, где все выполняют какие-то роли. Мы не способны видеть, что через нас проходят чужие, а не только наши собственные мысли и чувства. Поэтому далеко не всё, исходящее от нас, происходит от нашего настоящего «я». Фальшивые, не имеющие никакого отношения к настоящей природе человека, мысли и чувства святые врачеватели Церкви называют «страстями», подразумевая их чужеродное происхождение. Страсти, в виде необузданных эмоций и чувств, находятся во всех нас. Они проявляются через нас и держат в заблуждении относительно того, кто мы в реальности. На первый взгляд, кажется всё, что мы говорим и делаем, идёт от наших собственных мыслей. Но это совсем не так! Многие наши действия происходит от той или иной страсти и не имеют ни малейшего отношения к тому, кто мы есть на самом деле и что есть наши истинные мысли. Если хотим узнать себя, то первое, что необходимо, это понять, кем мы не являемся. Для этого нужно научиться распознавать страсти, потому что они не дают видеть наше настоящее «я», точно так, как густой бурьян не даёт увидеть цветов, растущих за ним. Если у нас создалось впечатление, что страсти являются частью нашей личности, так это то же самое, как принимать бурно растущие сорняки за прекрасный сад цветов, если никто не потрудился выполоть их и открыть взору цветы. Один святой после того, как был обращён в веру, осознал: прежде он думал, будто страсти, пребывающие в нём, были неотъемлемой частью

16

его самого, и такое заблуждение долго не давало ему стать настоящим человеком.

Ошибки моего прошлого держали меня в подчинении,
отчего я не верил в возможность освободиться от них.
Я думал, что мои страсти являются частью меня и
принадлежат мне!—Св. Киприан

Большинство страстей представляют обычные, естественные чувства, которые выходят из-под контроля как костёр, разгораясь всё выше, сжигает лес далеко вокруг себя, или как ручей, разливаясь, превращается в опустошающее наводнение. Любовь к себе, например, нормальное и важное чувство. Данная нам Богом, она заставляет нас заботиться о себе и зарабатывать всё необходимое для себя. Только после того, как мы научились заботиться о себе, мы можем заботиться о других людях, которые нам дороги, и более того, мы становимся способными прийти к Богу, тем самым получая для себя наивысшую пользу из всех возможных. Но если эта нормальная любовь к себе переходит границы, то становится совершенно неразумной и бесконтрольной. Она заставляет людей хотеть есть до тех пор, пока они не становятся больными и толстыми, напиваться пьяными, валяться в постели, пока не ослабеют. Такие люди ненавидят работу и хотят, чтобы кто-то другой делал её за них. В то же время они хотят массу денег, чтобы жить в роскоши, и готовы убить любого, кто грозит отнять у них что-нибудь или не даёт им чего-нибудь. Это не та здоровая любовь к себе, которую Бог дал нам. Это то, что называется страстью любви к себе, громадная эмоциональная сила, разрушающая человеческую природу.

А вот другой пример, как естественное чувство ненависти может превратиться в страсть. В некоторых ситуациях и определенных пределах ненависть является нормальной реакцией, но люди, не знающие предела и не понимающие того, что есть добро и зло, могут превратить её в оружие ада. Естественная ненависть есть не что иное, как разумное желание избегать чего-то, причиняющее нам боль, и отвергать то, что нам вредит. Отцы говорят, что Бог дал нам ненависть, чтобы отвращать нас от греха. Мы должны ненавидеть грех, питать к нему сильную антипатию. Ненависть отвращает нас от всего и всех, кто может помешать нам на пути к Богу. Но когда эта естественная антипатия заходит слишком далеко, так что мы начинаем сильно раздражаться, топать ногами и кричать, желать свести счёты с кем-нибудь или разбить что-то, и когда в приступе ярости, подобно дикому зверю, готовы напасть на товарища, то это уже не нормальная ненависть. Это страсть ненависти. Стоит ей поселиться в человеке, как он уже не контролирует свои поступки и не понимает, что делает. Все страсти выводят из равновесия подобным образом, затмевая разум и порождая в человеке духовную слепоту, которая укореняет его в грехе и отдаляет от Бога.

> *Страсть—это чрезмерное чувство или аппетит, выходящие за границы разумного. Страсть—это волнение наших душ, противное нашей природе, глухое к голосу разума. Страсть неестественна, она разрушает человеческую природу вместо того, чтобы исполнять её.—Св. Климент Александрийский*

> *Когда мы говорим обо всех страстях сразу, мы называем их «мир». Поэтому когда христиане говорят об отвержении мира, они имеют в виду отвержение страстей.—Св. Исаак Сирин*

В этой главе уделим особое внимание гордости. Всё сказанное о страсти любви к себе и о ненависти, также справедливо и в отношении гордости. Естественная гордость—это замечательное чувство. Это часто чувство триумфа. Мы гордимся чем-то, что хорошо сделали, в одиночку или группой. Мы гордимся нашей футбольной командой, нашей школой, определёнными личными достижениями, тем, как мы справились с кризисом, и так далее, и тому подобное. Эта гордость—очень глубокое чувство удовлетворения тем, что мы сделали или тем, частью чего мы являемся. Когда женщина шьёт платье, которое в результате выглядит идеально, она наполнена удовлетворением. Она гордится им. Мужчина, который построил прекрасную лодку, чувствует то же самое. Такова здоровая гордость. Когда мы хорошо знаем себя и максимально используем свои способности, то обычно удовлетворены и горды тем, что сделали.

Но люди впадают в страсть гордыни, когда они лишь имеют чувство гордости без достойной на то причины, без того, чтобы сделать что-нибудь, что бы действительно дало им право гордиться. Такие люди начинают гордиться своей внешностью, с которой были рождены, что совершенно не является их заслугой. Они гордятся деньгами своей семьи, в то время как сами ничего не сделали, и это не является результатом их труда. Гордятся своими связями с влиятельными людьми, хотя не выстроили этих отношений. И хуже всего, они гордятся исключительно выдуманными вещами, например, воображая себя великими людьми. Более того, представляя себя подобно Богу, они верят в свои способности свершать дела, которые в действительности может делать только Он.

Они предполагают, что могут судить других людей, а это подвластно лишь Богу. Часто льстят себе, думая, что могут устанавливать мир, в то время только Дух Божий трудящийся в нас, может принести мир. Гордятся мыслью о том, что могут своими знаниями спасти мир, но никто кроме Бога, не может спасти ни единого человека. Самонадеянно верят в свои возможности заставить людей любить друг друга и ладить между собой, но только Бог может дать человеку любовь. Страсть гордыни незаметно подводит их к мысли, что человек может прожить и без Бога. Но в действительности, оставаясь без Бога, человек уподобляется маленькой веточке на дереве, при этом наивно предполагая, что может выжить без ствола и корней. Такой человек невежествен о том, как устроена жизнь. Он не знает, она бы полностью остановилась без Бога

> *Страсть гордыни состоит из двух видов невежеств: гордый человек не осознаёт Божьей помощи, а также и своей нужды в Боге. Таким образом, гордыня есть недостаток знания о Боге и о самом человеке.—Св. Максим I Исповедник*

Если под влиянием страсти гордыни кто-то уверен, что может обойтись без Бога, это совсем не означает, что Бог отсутствует в его жизни, равно как и в жизни любого другого человека. Человек не может прожить без участия Бога, потому что Бог является Творцом всего сущего, Бог предоставляет защиту, безопасность и выход из трудностей. Бог подобен капитану корабля. Если капитана смыло волной с борта во время шторма, кто-то должен как можно быстрее занять его место и попытаться удержать корабль на плаву, независимо от того, знает он или нет, куда его вести. Иначе кораблю грозит крушение. Очевидно, истинного Бога никогда «не смывает с борта». Но люди, наполненные страстью гордыни, думают, что смывает. Они нигде Его не видят, поэтому мчатся занять Его место. Затем начинают воображать, будто это и правда, их место. Подобные люди начинают верить в то, что они есть главная власть в мире, и нет никого выше их. Им кажется всё, что ни делается на земле, они должны будут делать. Эта чудовищная гордыня—полное смешение себя с Богом—на самом деле сводит людей с ума, как тех, кто думает, что они Юлий Цезарь или Теодор Рузвельт, или кто-нибудь ещё. Представлять себя Богом примерно такое же безумие, как любое другое, только из-за этого людей не изолируют в специальных заведениях.

За то народ мой пойдёт в плен непредвиденно, и вельможи его будут голодать, и богачи его будут томиться жаждою.— Исайя, 5:13

Вы впадёте в крайнее безумие, если станете думать, что вы выше и величественнее своего Создателя.—Св. Ириней

Человек, погрязший в гордости, едва ли может надеяться, что не сойдёт с ума. Он будет в исключительной опасности приблизиться к этому состоянию.—Св. Симеон Новый Богослов

Когда я впервые услышала об этой страсти гордыни, то захотела понять её лучше. И вот однажды ночью перед тем, как лечь в постель, попросила Бога объяснить мне её яснее. Он послал мне удивительный сон. Была ночь, но всё же можно было разглядеть силуэт очень маленького человека, идущего по длинному океанскому пляжу. Он нёс тусклый фонарик и сильно согнулся над ним, аккуратно пробираясь между груд камней и переступая через большие куски прибитого к берегу леса, чтобы не споткнуться. Медленно за его спиной начало всходить солнце, выше и выше, пока, наконец, не пролило свой ослепительный свет на весь пляж и воду так далеко, насколько хватало глаз. Но что делал нелепый человечек? Он по-прежнему склонялся над своим крошечным фонариком, продвигаясь наощупь так же, как делал это ночью! Было очевидно, что он не имел понятия о том, что взошло солнце, и что весь мир сверкал светом. Он действовал так, будто по-прежнему был ведом светом маломощных батареек. Вдруг я услышала, как чей-то голос сказал: «Это гордыня». Совершенно не замечать свет, идущий от Бога, думать, что единственный свет—тот, который производится и регулируется только нами самими! Это именно то, что Евангелие называет гордыней. Оно говорит: «И свет во тьме светит, и тьма не объяла его» (Иоанн 1:5). Во многих местах Писания говорится, что люди, страдающие гордыней, подобны слепцам. Они не видят себя самих. Они не видят Бога. Они не видят света Божьего.

Не знают, не разумеют, во тьме ходят; все основания
земли колеблются.—Псалтирь, 81:5

Можете ли вы представить себе, каково это быть слепым? Попробуйте завязать себе глаза на час и поесть или сделать уборку в гараже. Вы почувствуете себя беспомощным, будете спотыкаться, возможно, пораните себя. Вы почувствуете себя одиноким и неуверенным в себе. Точно так же ваш бедный ум спотыкается, когда глаза закрыты повязкой из ложных понятий о себе. Такие понятия приходят от страсти гордыни, которая, вы помните, есть незнание Бога и себя. Незнание для вашего ума является повязкой на глазах. Не имея истинного представления о себе, ваш ум не ориентируется в каком направлении идти. Из-за этого вы запутываетесь и спотыкаетесь в жизни, совершая серьёзные ошибки и сталкиваясь с невесёлыми последствиями. Любые неверные убеждения, которые опутали ваш мозг, будут заставлять наощупь, с болью тыкаться вокруг, вместо того, чтобы позволить действовать свободно и естественно. И эти ложные убеждения никогда не исчезнут сами по себе. Они подобны тугой повязке на глазах, которая не спадает так просто. Обычно избавиться от них возможно только прося Бога исцелить от страсти гордыни, которая есть слепота и неведение.

Когда бы люди ни молились об избавлении от гордыни, они всегда получают помощь от Бога. Для этого достаточно просто, не переставая, повторять снова и снова: «Господи Иисусе Христе, избавь меня от гордыни» или «Господи Иисусе Христе, избавь меня от гордыни и дай мне узнать себя». Помимо этого ничего больше не надо делать. Отцы говорят: «Молитесь и не старайтесь победить свои страсти собственными силами. Молитва уничтожит их в вас». (Путь Странника). Почему молитва уничтожит их в нас? Потому что Бог отвечает на нашу молитву, даже если мы не способны в это поверить. Он пообещал, что всегда и везде Он ответит каждому на молитву об избавлении от гордыни.

> *И поведу слепых дорогою, которой они не знают, неизвестными путями буду вести их; мрак сделаю светом пред ними, и кривые пути – прямыми: вот что Я сделаю для них и не оставлю их.–Исайя, 42:16*

Чем раньше вы начнёте постоянно молиться об избавлении от гордыни, тем быстрее придёте к действительному познанию себя. У вас появятся внезапные осознания чего-то нового о себе, необычные переживания, которые покажут, что вы из себя представляете. Новые идеи немедленно дадут почувствовать более глубокое понимание себя. Скоро вы начнёте распознавать те ложные представления, которые не имеют к вам никакого отношения. Вдруг вы скажете: «Вот это да, я всегда думал, что не люблю людей, но теперь я вижу, что люблю их». Или заметите: «Я ужасно тщеславен и никогда даже не понимал этого раньше». Или обнаружите: «Все эти годы я думал, что не очень умён, но у меня определённо есть способность к ясному мышлению». Молитва об избавлении от гордыни приводит к исчезновению всех ложных убеждений о себе, так что ваш ум, наконец, сможет видеть вещи ясно и отчётливо. Тогда вместо того, чтобы спотыкаться в темноте, вы будете идти в прекрасном свете Божьем.

Когда мы говорим о Божьем свете, не думайте, что мы имеем в виду только свет, с помощью которого видят и различают предметы. Он нечто иное, несравненно большее, также как сол-

нечный свет намного значительнее для жизни, чем простая ил-
люминация. Свет Божий—это питание и сила, власть и жизнь.
Как благодаря солнечному свету растут растения, так и Свет Божий является пищей, благодаря которой растём мы. Очевидно,
что человек не может питать себя своими же конечностями, и
также справедливо то, что человечество не может существовать
и развиваться, поедая своих собратьев, попросту занимаясь кан-
нибализмом. В такой же степени эти рассуждения бесспорно
верны и в области психологии и духовности. Мы, люди, не можем
жить за счёт своих собственных идей и вдохновения. Чувствуете аналогию? Это был бы умственный, духовный каннибализм.
Потому что то, за счёт чего мы живём, есть священная пища,
дарованная нам Светом Божьим. Некоторые прекрасные святые
писатели учат нас этому.

> *Бог устроил для души так, что истинно даёт душе
> жизнь происходит не из самой себя, а от Его собст-
> венных Духа и Света, так же, как жизнь тела не
> исходит из самого себя, а приходит извне, то есть от
> плодов земли мы получаем пищу, питьё и одежду.—Св.
> Каллист и Игнатий*

> *Итак, наша душа живёт. Но она живёт не потому,
> что она жива сама по себе, но потому что она вкушает
> святой пищи от Бога.—Св. Иустин Мученик*

Люди, которые пытаются жить, и расти на своих собственных человеческих идеях, просто никогда не вырастают и не вы-
живают психологически и духовно. Они накапливают огром-
ное количество мирских знаний, огромный словарный запас,
бесчисленные мысли, занимающие всё их время и придающие
им умный вид, но они не способны к созиданию, они только постоянно пережёвывают свои умствования, выплёвывая и глотая
их снова, как корова свою жвачку. Они не получают той пищи,
которая делает человека таким сильным и зрелым, как ему предназначено быть Богом. У молодых людей, живущих без Божьего
света, маломальский прогресс в самопознании займёт много лет
и потребует огромного количества тяжкого опыта. У них так и
остаутся психологические способности всего лишь подростка,

тогда как вы (если вы пользуетесь светом Божьим) намного раньше достигните силы, и богатства, и любви, присущих настоящей зрелости. Фактически большинство людей среднего возраста в нашей стране, будучи ослеплены гордыней и не придя к свету Божьему, не пребывая в нём, ненамного более взрослые по своему развитию, чем современные подростки.

Давид пришёл к Свету Божьему в молодом возрасте. Бог избавил его от гордыни и показал ему, кто он на самом деле и на что способен. Бог питал и укреплял его духовной пищей и помог стать настоящим мужчиной очень рано. Давид прекрасно понимал, что живя в Свете Божьем и питаясь им, он стал зрелым человеком гораздо раньше, чем многие, кто был старше.

Я стал разумнее всех учителей моих, ибо размышляю об откровениях Твоих.

Я сведущ более старцев, ибо повеления Твои храню.—Псалтирь, 118:99,100

Если бы все люди вашего возраста молились об избавлении от гордыни и пришли бы к Свету Божьему прямо сейчас, ваше поколение могло бы полностью изменить мир, потому что Дух Святой наполнил бы вас своей любовью, силой и мудростью. Но каждый человек отвечает только за себя. И, тем не менее, начиная только с себя, вы можете коренным образом изменить собственную жизнь. Если вы сейчас начнёте молиться об избавлении от гордыни и о том, чтобы Свет Божий осветил вашу жизнь, вы станете более зрелой сильной личностью, какой не стали бы ни при каких других обстоятельствах.

Глава 3

Все однажды играют роль Бога

В молодости обычно мы представляем себя настолько всесильными, что невольно наше поведение напоминает, будто мы боги. В детстве, нисколько не сомневаясь, мы ожидаем «божественных» результатов, выдвигая свои требования. Без сомнения, что когда Бог сказал: «Да будет свет», тогда, и правда, возник свет. Предполагая от своих действий точно таких же успешных результатов, мы с детской наивностью уверены, что наши плюшевые мишки останутся стоять там, где они поставлены, а башни из кубиков не развалятся, даже если они выстроены не совсем аккуратно. Нам кажется, что люди будут принимать нас, стоит нам только улыбнуться и протянуть руку, все наши нужды будут удовлетворены, мы всегда будем защищены, и постоянно будем пребывать в счастливом состоянии. Такое детское невежество в действительности происходит от первых ростков страсти гордыни—от неспособности видеть Бога и, как следствие, предполагать, что мы сами определяем последствия наших действий, уподобляясь Богу.

По мере взросления, мы строим всё больше планов. И предполагаем, наши планы осуществятся так же, как Божьи планы, когда Он всё сотворил. Гордыня заставляет нас чувствовать себя настолько всемогущими, на одном уровне с Богом, что мы не представляем себе, как можем оказаться неспособными их осуществить. Все упорнее мы движемся вперёд так, будто обладаем полной силой и полной мудростью, будто в состоянии сами построить свою жизнь прекрасной и идеальной. Составляем честолюбивые планы и устанавливаем высокие цели, и думаем, что сможем достигнуть этих целей сами по себе, без какой-либо помощи Бога. При этом без сомнения полагаем, что все наши жизненные устремления есть благо, мы знаем разницу между добром и злом, подобно Богу. Нам и в голову не приходит, что Бог далёк от наших мыслей, и пытается втолковать нам о том.

Мои мысли—не ваши мысли, ни ваши пути—пути Мои, говорит Господь.
Но как небо выше земли, так пути Мои выше путей ваших, и мысли Мои выше мыслей ваших.—Исайя, 55:8,9

Многие люди составляют долгосрочные планы не только для своей личной жизни, но и для бизнеса, или для карьеры. Безусловно, нет ничего плохого в том, если вы имеете цель в жизни, которую надеетесь достичь, или желаете совершить что-то, усердно работая. На самом деле делать всё это важно. Но, если концентрируя свой ум на что-то конкретное, будете рассчитывать только на свои силы, как будто без сомнения можете это осуществить, то, скорее всего, наткнётесь на неожиданные неприятности. Страсть гордыни часто делает людей слишком уверенными в том, что всё будет происходить, как ими задумано, а в итоге такая самоуверенность уводит их от реальности. Такие люди не видят, что всё может обернуться не так, как ожидалось. Чувствуя себя наравне с богами, им трудно допустить мысль о возможности ошибки при расчёте. В Библии есть история про такого человека и что с ним случилось.

У одного богатого человека был хороший урожай в поле;
И он рассуждал сам с собою: «Что мне делать? Некуда мне собрать плодов моих». И сказал: «Вот что я сделаю: сломаю житницы мои и построю большие, и соберу туда весь хлеб мой и все добро мое,
И скажу душе моей: «Душа! Много добра лежит у тебя на многие годы: покойся, ешь, пей и веселись».
Но Бог сказал ему: «Безумный! В сию ночь душу твою возьмут у тебя; кому же достанется то, что ты заготовил».—Лука, 12:16-20

Страсть гордыни подталкивает человека на самое главное заблуждение—ожидание от себя способностей достичь каких-либо целей без Бога. Именно эта страсть была одной из тех, которыми дьявол дерзнул искусить Иисуса в пустыне. Он пытался прельстить Иисуса желанием мирской власти, требуя за это поклонения себе, оставив небесного Отца в стороне.

Опять берет Его диавол на весьма высокую гору и по-
казывает Ему все царства мира и славу их, и говорит
ему: «Всё это дам Тебе, если, пав, поклонишься мне».
Тогда Иисус говорит ему: «Отойди от Меня, сатана,
ибо написано: Господу Богу твоему поклоняйся и Ему
одному служи».—Матфей, 4:8-10

Поэтому в любой момент времени, когда вы строите ваши планы или любимые мечты о будущем, не думая о Боге, это означает, что вами руководит страсть гордыни. Только гордыня позволяет вам надеяться произвести божественные плоды самостоятельно. Плоды эти—любовь, мудрость, справедливость, мир, доброта, сострадание, терпение, всякое прекрасное и идеальное качество, которое возможно вспомнить. Когда вы видите эти качества в людях, знайте, они идут от Бога—не от самих людей. Давайте поразмышляем, могли ли вы ожидать от себя самостоятельно тех качеств, которые проявляются только после того, как даруются Богом. Могли ли вы ожидать от себя справедливости по отношению к другим людям? Это невозможно до тех пор, пока Бог не покажет вам на примере в личной жизни, как справедливость работает. Могли ли вы ожидать от себя, что будете добры и дружелюбны к окружающим? Определённо—нет, пока Бог не избавит от страхов и неуверенности, пока Святой Дух не укрепит вас, и пока вы не увидите Божью доброту в собственной жизни. Могли ли вы ожидать от себя, что будете любить кого-то всем сердцем? Но это невозможно сделать, пока Иисус не придёт в ваше сердце и не затронет настоящей любовью, и даст силу и понимание, чтобы вы могли любить кого-то ещё.

Все прекрасные чувства, и добродетели, и переживания, к которым мы естественно стремимся, таковы, что они не могут быть в нас без Бога. Но страсть гордыни заставляет ожидать всё это от нас самих. Попытка продвигаться собственными силами, без духовной поддержки, это то же самое, что ставить себя выше Бога. Таким образом, в Библии сказано, что гордыня заставляет нас «возвеличивать» себя. Поскольку эта страсть заставляет нас ожидать таких прекрасных, возвышенных вещей от себя, мы обрекаем себя на тяжёлое падение. То, чего мы ожидаем, не осуществляется. И помните, у всех людей есть страсть гордыни; так что всех людей рано или поздно ждёт это неприятное падение и разочарование, сопровождающее его, даже если провал случается с ними в довольно пожилом возрасте. Ожидание слишком многого от себя—это то, что частично является причиной печали в жизни человека.

> *Гордость сердца твоего обольстила тебя; ты живешь в расселинах скал, на возвышенном месте, и говоришь в сердце твоем: «кто низринет меня на землю?»*
> *Но хотя бы ты, как орел, поднялся высоко и среди звезд устроил гнездо твое, то и оттуда Я низрину тебя, говорит Господь.—Авдий, 1:3,4*

Не получая желаемого результата от своих усилий, нам кажется, это непоправимое падение. Когда-то мы мечтали, что будем обладать прекрасными чертами характера, но наш характер оказался далёким от прекрасного. Предполагали, что все нас будут любить, но оказалось, что люди не так уж глубоко любят. Ожидали, что будем важными, но оказалось, что в реальной жизни мы даже не пробуждаем большого интереса к себе. Думали, что проявим умелость во многих делах, но вместо этого часто обнаруживаем свою глупость и неловкость. Нам трудно добиться, чего бы очень хотелось, например, войти в определённые группы людей и привлечь чьи-то симпатии. Разочарования, постигающие нас, происходят от того, что гордыня заставила ожидать чего-то слишком идеального, чтобы быть реалистичным, что происходит только от Бога, но не от людей. Сколько разбитых сердец, боли и горечи сегодня в мире только потому, что люди живут с нереальными ожиданиями.

Такие разочарования о себе вовсе не означают, что с вами, как с человеком, что-то неправильно. Просто в ваших мыслях представления о том, кто вы, сильно преувеличены, и вы считаете себя Богом, а не обычным человеком. В первый раз, когда в мечтах вы были прекрасны, а в жизни оказались всего лишь обыкновенным человеком, смириться с этим чрезвычайно больно. Когда такое случается, вам начинает казаться, что вы абсолютно не представляете из себя ничего хорошего. Но, на самом-то деле, строго говоря, просто вы не так хороши, как боги. Да, в действительности, пред Богом любой из нас представляет собой полное ничто. И с момента осознания этого начинается преодоление страсти гордыни и приходит понимание того, что мы—настоящие люди, и это совсем неплохо, как будет видно дальше.

Когда людей, ослеплённых гордыней, настигает провал, они оказываются ошеломлёнными, как люди, столкнувшиеся с чем-то неожиданным, ими овладевает смятение и малодушие. Вследствие их представления о себе самих, как упавших и распростёртых на земле, в образе тех, на которых они возлагали столько надежд и ожиданий.

Человек, свободный от гордыни, тоже испытывает разочарование при неудаче; но его не охватывает смятение, и он не расстраивается, потому что знает, что неудача пришла от его человеческой слабости, которая не является чем-то неожиданным или новым для него.—Невидимая брань

Поражения и неудачи действуют в качестве горького лекарства, врачующего гордыню. Но после того как Бог даёт нам ощущение падения для излечения этой страсти, возможно, перейти в другую крайность. Вместо того чтобы ожидать от себя только прекрасных вещей, как воображали до этого, мы начинаем ожидать от себя всего самого наихудшего. Скорее всего, мы будем колебаться между двумя крайними состояниями, сначала ожидая чего-то чудесного от себя и затем, не ожидая ничего, кроме неприятностей. Мы панически будем бояться своих неудач, непризнания со стороны других людей, одиночества и скуки. Таким образом, будем постепенно терять уверенность в собственной личности, и собственном мышлении, и собственной ценности. Всё больше и больше в своём мышлении и поведении будем поддаваться влиянию любого, кто примет нас в свою маленькую группу. Когда мы теряем уверенность в себе и своём мышлении, то неизбежно позволяем людям вести нас в направлениях, не обязательно неверных для них, но определённо неподходящих лично для нас: неправильное образование, неинтересное хобби, неверная карьера, несоответствующее социальное окружение. Вся эта ложная среда подобна большой сети, накинутой на нас, которая ограничивает наше движение и не даёт проявиться нашему истинному «я». В конечном итоге, мы оказываемся в ловушке, испуганные и враждебные, как чувствовало бы себя любое существо в подобной ситуации.

> *Если человек мечтает достичь высот, движимый подсказками гордости, сатана легко ловит его в свои сети.—Св. Григорий Синайский*

Но иногда бывает по-другому: люди теряют уверенность в себе из-за страсти гордыни. Они достигают той точки, когда перестают себя ценить, и говорят о себе хуже, чем того заслуживают. Это ведет к тому, что они прекращают заниматься тем, чем им интересно было бы заниматься, таким печальным образом защищаясь от неудач, ведь когда ничего не пытаешься делать, то точно ни в чём не можешь потерпеть неудачи. Большинство самых умных и одарённых поражаются гордыней наиболее часто. Когда они переживают падение и потерю уверенности в себе, их школьные оценки могут начать ухудшаться. Они могут потерять здравый смысл, свойственный им ранее, и начать делать и говорить множество неразумных вещей. Даже если появится возможность обрести хороших друзей, самоуважение и уверенность в себе, они часто будут уклоняться от этого. К примеру, будут сторониться людей, равных им в интеллектуальном, культурном и социальном смыслах. Почти всегда они тяготеют к довольно странным, запутавшимся, неспособным к созиданию приятелям. При этом могут утверждать, что всего лишь хотят помочь им, но это неправда, потому что они недостаточно духовно здоровы, чтобы быть способными на такие простые добродетели, как щедрость и любовь.

> *Это незнание себя и есть причина их упрямого пренебрежение собой; и если любой, постигая знания правды, избавится от этого невежества о себе, он будет знать, к какой цели должна быть направлена его жизнь, и как она должна быть потрачена. —Лактанций*

В некоторых случаях люди, потерявшие уверенность в себе, пытаются прикрыть свою несостоятельность, принимая вид (перед самими собой и перед другими) уверенного в себе человека. Они становятся одержимы желанием быть правыми во всём и знать больше, чем все остальные. Зачастую речь их непрерывна, и с ними очень сложно поддерживать даже короткую беседу или получить от них быстрый прямой ответ на вопрос. Они склонны принимать только своё собственное мнение обо всём, и уверены, что владеют самой последней исключительной информацией по любому вопросу, какой бы ни затронули. Они, согласно мнению христианских писателей, не поддаются обучению. Никто, даже самый мудрый человек, не может научить их чему-либо, потому что они невосприимчивы к чужим взглядам. Похоже, ими подразумевается, будто другие ничего не знают того, что представляло бы для них ценность. Сохраняя молчание во время разговора, они не столько слушают, сколько ждут своей очереди опять заговорить. Часто способные хорошо анализировать других людей, они не обладают сочувствием или состраданием. Как сказал Святой Иоанн Кассиан, люди, полные гордыни, могут превосходно критиковать других, но они ни капли не подозревают насколько неблагополучны сами. Люди, имеющие необычно большую гордыню и, соответственно, терпевшие необычно большие разочарования в себе, почти все проходят этап, когда им кажется, что они всё знают, и какое-то время они критикуют других. Библия специально заостряет наше внимание на этом этапе для нашего же осознания: у всех нас есть этот очевидный симптом гордыни.

И что ты смотришь на сучок в глазе брата твоего, а бревна в твоем глазе не чувствуешь?—Матфей, 7:3

Другим классическим симптомом гордыни, которому подвержены люди различных возрастов, можно назвать некую чрезмерную привязанность к благам своей семьи. Склонность путать себя с Богом, чем является страсть гордыни, присутствует в нас уже тогда, когда мы рождаемся. Но усиливается эта страсть до опасного предела, если наши родители кажутся нам слишком похожими на богов. Когда мы маленькие, родители кажутся способными удовлетворить все наши нужды настолько, что мы никогда не испытываем необходимости обратиться к настоящему Богу. Подобное происходит и тогда, когда мы не видим, чтобы родители обращались к Богу. Такая ситуация усиливает в нас мысль о том, что человек может быть Богом. Под влиянием окружения начинаем предполагать, что в будущем мы тоже будем богами, такими же, какими кажутся нам наши родители. При подобных обстоятельствах в нас может развиваться крайне тяжёлый случай гордыни, который приводит к необычно большим неудачам и разочарованиям в жизни.

Когда приходят неудачи, за ними вслед идут сумятица и отчаяние. Оказавшись в затруднениях, человек старается добраться до спасательного буйка. И если в этот момент кто-нибудь сможет убедить, что Бог может быть его спасательным буйком, то со временем всё будет нормально. Бог покажет такому человеку, что его дела, и наполовину не так уж плохи, как ему кажется, только нужно осознать, что он человек, а не Бог. После этого, он восстановит здоровую уверенность в себе, хотя у некоторых очень больных гордыней людей это может занять много времени. Но когда рядом никто не посоветует обратиться за помощью к Богу, то человек хватается за единственную защиту, которую он знает—за родителей. Несмотря на все неудачи, родители, как правило, слепо поощряют своего ребёнка в любом возрасте. Как часто случается, разделяя с ним высокие ожидания в отношении себя, они будут искренне сочувствовать всем его неудачам и разочарованиям. И вероятно могут напомнить ему о тех замечательных и многообещающих делах, о которые он мечтал в детстве, чтобы как-то утешить и сгладить горькие чувства неудачника. Скорее всего, они предложат кров, или деньги, или другую материальную помощь, их способность всегда делать это, в какой-то мере и явилась причиной того, что они выглядели подобно богам. Возможно, они сохранят свои общественные связи на всякий случай, чтобы помочь своему взрослому ребёнку, который сам был бы не способен на их создание. Кажется, это выглядит как закон природы, что чем больше человек терпит неудач из-за гордыни, тем больше он старается использовать возможности, успехи, и репутации своих родителей или предков. И что бы полезного они ни сделали, он будет утверждать и говорить об этом, как о собственных достижениях.

Гордость своей семьёй или предками всегда была чрезвычайно серьёзной угрозой духовному и психологическому росту. Если вы будете хвастать своей семьёй или предками, то будьте уверены, что вы не сможете похвалиться своим взаимоотношением с Богом. Святой Павел неоднократно пытался показать другим евреям, что они не должны рассчитывать на своих предков в смысле спасения. Евреи справедливо гордились Авраамом, Моисеем и всеми своими великими пророками. Их семья была семьёй, царствующей над всем миром. Святой Павел (и позже несколько отцов) часто говорили евреям, которые не были христианами, что их Бог был истинным Богом, и их Закон был хорошим, и их пророки были святыми, но всего этого всё равно недостаточно, чтоб каждый из них стал достойным Божьей милости. Он говорил им, каждый лично должен пройти собственное духовное возрастание и не рассчитывать на свою знаменитую родословную или предков.

Люди, ставшие вследствие непомерной гордыни полностью зависимыми от своих родителей, всегда недовольны ими. Привычка использовать блага семьи подчёркивает их собственную несостоятельность, а это чувство естественно никто не любит. Единственная причина того, что многие молодые люди полны возмущения и гнева против своих родителей, или организаций, или предприятий, или чего угодно, состоит в том, что они настолько полны гордыни, что путаются в том, кто есть Бог и кто есть человек. И они всегда думали, что старшее поколение было богами. Многие люди старшего поколения обладали такой же гордыней и, действительно, пытались изображать из себя богов. Но это их проблема. Ваша задача состоит лишь в том, чтобы избавиться от гордыни в себе, чтобы вы не исполняли роль Бога и не передали бы эту игру дальше, своим детям. Каждый, кто думает, что его родители-боги и хочет опираться на них как на таковых, закончит тем, что будет испытывать к ним сильную неприязнь. Если вы ставите своих родителей превыше всего, выше Бога, вы возненавидите их, а также возненавидите Бога из-за своих неудач. Но если вы всегда ставите Бога на первое место и ищете опору только в Нём, то, в конце концов, вы будете по-настоящему любить и Бога, и своих (всего лишь человеческих) родителей.

Как сказано в предыдущей главе, избавиться от гордыни и её последствий можно только одним способом: просто просить Иисуса в молитве об этом. Вам не нужно делать ничего больше. Это духовная болезнь, которую может исцелить только Великий Врач. Когда Он исцелит вас, вы постепенно достигните понимания, кто вы есть на самом деле и Кто, в действительности есть Бог. Все ваши мысли и желания, в которых вы неосознанно путаете себя с Богом, полностью изменятся. Сначала, обнаружив, что не обладаете всеми добродетелями и силой, которые себе приписывали, вы почувствуете разочарование в себе. Но в то же время испытаете поразительное облегчение, потому что вам начнётся открываться ответ. Вот Он, настоящий живой Бог, Кто откроет в вас гораздо более важные черты характера и силу, о которых прежде вы не могли и думать. По своей невежественности, мы стремимся развивать в себе самостоятельно лишь только то, что является замечательным в наших глазах. По сравнению со способностями и добродетелями, заложенными в нас Господом, и которые мы способны открыть благодаря Ему, все наши собственные представления о себе выглядят бледной тенью.

Молитва об исцелении от гордыни есть единственный путь глубоко узнать себя. Такая молитва перед Богом никогда не бывает тщетной и не остаётся без ответа. Это классический рецепт перехода к действительно ясному пониманию себя. Вы вдруг обнаружите в себе ту частицу знаний, которая была заложена природой, но о чём вы не подозревали. А именно, вы откроете, что ваше настоящее «я» уже знает о существовании Бога и осознаёт нужду в Нём. Это снимает громадный груз проблем с ваших плеч. Вам не надо от себя создавать какое-то новое вероучение под грохот фанфар, потому что само по себе знание о том, что вы человек, и вам назначено жить с Господом уже присутствует, как инстинкт внутри вас. Как только достаточная часть вашей гордыни исчезнет, вы сразу почувствуете это без малейшего усилия.

Так как знание о существовании Бога было посеяно во всех нас Им самим. Оно в нас по природе.—Св. Иоанн Дамаскин

Когда был сотворён человек, определённое знание Бога было посеяно в нём и во всех людях. Это знание делает нас способными любить Бога.—Св. Василий Великий

Несколько позже—иногда намного, а иногда почти сразу—вы встретись с Сыном Божьим в своём сердце. Вы встретитесь с Иисусом. Когда это произойдёт, всё переменится внутри вас. Всем своим существом вы осознаете, что никогда снова не пожелаете играть роль Бога ни при каких обстоятельствах, потому что иметь настоящего Бога в себе—слишком ценная вещь, чтобы её потерять. С Ним вам не надо беспокоиться о себе самостоятельно. Он настолько прекрасный, что даже смотреть на себя долго в Его присутствии невозможно. Вы не должны будете больше защищать себя сами, или заботиться о своих неудачах, или беспокоиться о будущем. Вы станете настолько беззаботны, что вряд ли способны сейчас представить. Бог означает всё, и вы знаете об этом. Он—полный и идеальный ответ на всё—кем мы являемся, в чём нуждаемся, любим, на что надеемся. Однажды встретившись с Ним, вы поймёте, ваша жизнь без Него невозможна. Вы любите Его имя и произносите с благоговением всё время. Так случается только тогда, когда страсть гордыни отступит от вас в результате ваших молитв. Вы знаете—действительно знаете в своём сердце—кто Бог и кто вы. Только с этого момента по-настоящему вы начинаете жить. Как сказал один из святых отцов: «Вы нашли Бога?—Значит, вы нашли жизнь!»

Глава 4

Не приобретайте себе комплексы ложной вины

Чувствовали ли вы когда-нибудь, что виноваты перед кем-то, и чувство то длилось бесконечно, и невозможно было от него избавиться, а может быть, вы сильно сожалели о чём-то, и вам казалось, что невозможно простить себя никогда? Если это так, то это вполне могло быть справедливым. Проще говоря, возможно вы сделали то, что на самом деле не следовало делать. Но если к этому времени вы ещё не задумывались избавляться от страсти гордыни, то скорее всего эти ваши чувства вины и сожаления были всего лишь последствием мыслей о том, что вы это обязательно должны были сделать. И эти мысли преследуют, несмотря на то, что Господь не желал бы от вас видеть этих дел вовсе. Дело в том, что страсть гордыни предъявляет множество воображаемых обязательств и затем вызывает ложное чувство вины, если вы не можете их выполнить.

Если представить гордыню в виде маленького визжащего человечка, который подстрекает и вовлекает во всевозможные неприятности, то легко показать, как это происходит. Когда вы молоды, он невидимо присутствует рядом, приходя в восторг по поводу ваших возможностей. Иногда он кричит: «О, с тобой-то уж точно будет всё в порядке! У тебя такие великолепные идеи и превосходные природные способности». (Затем он шепчет об определённых вещах, на которые, он уверен, вы способны). «Да, только думай своей головой, и я считаю, что ты сможешь добиться большого успеха»,—заключает он. Всё это время он очень старался не дать вам увидеть Бога, и само собой оставил вас в полной уверенности в том, что вы сами способны совершить эти стоящие дела. Но как известно из предыдущей главы, эти дела под силу осуществить только Богу. И в результате вам не удаётся быть такими замечательными, какими гордыня нарисовала в ваших мечтах.

После того, как вы обнаруживаете, что не являетесь такими замечательными и сидите, чувствуя себя уязвлёнными и разочарованными, тут подступает гордыня, в виде того же человечка, и с полным презрением говорит: «Ну и изгой! Ну и болван! Посмотри на себя! Какая от тебя польза хоть кому-то?» И начинает без конца напоминать о том, что удалось хуже всего и унижает. Вдоволь наоскорбляв вас, он уходит, бросая на время одного, волнующегося и несчастного, с подавленными мыслями о себе. Закрепившись в человеке, страсть гордыни начинает раскачивать его, как маятник, от головокружительных высот с нереальными надеждами до глубин отчаяния с чувством никчёмности. Это является причиной так называемой маниакально-депрессивной манеры поведения, когда люди сначала витают высоко в облаках и черезмерно веселы, а потом чувствуют себя настолько опустившимися и проклятыми, что даже не видят особых причин жить.

Мысли, которые поднимают человека так ненормально высоко, а потом бросают его на дно крайней безнадёжности, приходят не от его настоящего «я». Они приходят от страсти гордыни, этого величайшего источника всех бед в человеке. И когда гордыня крепко охватила настоящее «я» человека, она, к сожалению, не только вызывает высокие и низкие эмоциональные переживания—она приводит с собой настоящих демонов, которых человек может видеть и слышать. Демоны, приходящие от чрезмерной гордости, реальны. Они по сути от дьявола. Они не есть результат человеческого воображения или нарушением химического процесса в организме человека: их происхождение находится вне зависимости от человеческой природы. Христос сказал, что демоны действительны. Все апостолы, и все христианские святые верили в их существование. И не только верили, но во многих случаях видели и слышали их, и изгоняли из людей. Каждый, кто считает, что демоны—это продукт человеческого воображения, утверждает тем самым, что Бог и все великие люди Божьи—лжецы. Иногда демоны беспокоят людей святых со здоровым рассудком по какой-то конкретной Божьей причине. Но обычно явления демонов или их голосов происходит из-за непомерной гордыни. Буквально все отцы соглашаются с тем, что

За гордыней (со временем) следует последнее зло—схож-
дение с ума, слышание голосов, безумие и видение демо-
нов в воздухе.—Св. Авва Евагрий

Если гордыня не может заставить человека верить в осуществление сумасбродных, экстравагантных идей, то она производит нечто худшее. Она направляет его желания на осуществление определённо прекрасных и замечательных поступков, но из-за невозможности всё это сделать, поселяет чувство безнадёжной виновности. Как жестокий человек нагружает лошадь слишком тяжёлой ношей, так гордыня громоздит на нас одно придуманное обязательство за другим до тех пор, пока мы не рухнем от их тяжести. Эти ошибочные обязательства есть наши убеждения, которые мы сами обязуемся и «должны» делать. Мы должны стараться не обижать никого из людей. Должны стать кем-то в этом мире. Должны быть терпимыми и понимающими. Должны быть предупредительными, щедрыми, добрыми и жертвенными. Должны любить всех вокруг и заботиться о них. Должны брать на себя ответственность за всех, кто несчастлив. И так далее, и тому подобное, одно невыполнимое обязательство за другим. Гордыня заставляет людей проклинать и наказывать себя немилосердно, когда они не могут выполнить эти обязательства. Многие из этих обязательств, которые подсказывает гордыня, сами по себе вполне хороши, но в действительности они не выполнимы для человека вашего характера, или прежде, чем следовать этим обязательствам, вам необходим значительный духовный рост, а возможно, они просто неосуществимы, потому что у Бога на вас другие планы. К тому же, бесспорно, никакие обязательства невозможно осуществить одному, без помощи Бога. И это последнее является главным реальным препятствием для осуществления ошибочных обязательств.

Иногда, ненадолго гордыня позволяет человеку думать, что он вполне хорошо справляется со всеми придуманными обязательствами, позволяя наслаждаться чувством личного успеха. Затем внезапно вырывает ковёр из-под ног, показывая на бесполезность свершённых дел. И сразу чувство никчёмности и безнадёжной обречённости на неудачу начинает одолевать человека. Чем раньше вы распознаете придуманные ошибочные обязательства, тем больше у вас шансов избежать их стрессовых последствий. Всякий раз, когда у вас есть хотя бы небольшое чувство вины, или провала, или бесполезности, от которых кажется нет сил освободиться, молитесь об избавлении от гордыни и ошибочных обязательств. Продолжайте молиться независимо от того, сколько времени это займёт, пока эти обязательства, явившиеся причиной чувства вины или провала, не откроются вам, так что вы сможете избавиться от них. Мольба об избавлении от гордыни всегда, в конце концов, приводит к распознаванию какого-то ошибочного обязательства в себе, и тут же обезоруживает напрасно терзающую вас совесть. Вы поймёте, откуда происходит чувство вины—от ошибочных обязательств или реальных проступков. Когда Иисус приглашал обременённых тяжкой ношей прийти к нему и получить освобождение и отдых, Он также имел в виду и такое тяжкое бремя как эти невыполнимые обязательства, которые гордыня возлагает на вас, и то жесткое чувство вины и безнадёжности, исходящее от них. Приход к Иисусу освобождает от гордыни и таким образом даёт сильную умственную и эмоциональную разгрузку. Он снимает с вас все придуманные обязательства, которые являются причиной ложного чувства постоянной неудовлетворённости. После этого вы начинаете преуспевать во всём, за что бы ни брались, потому что больше не пытаетесь достичь недостижимого.

Держись только за то, что принадлежит тебе, человеку, и таким образом делает твоё бремя лёгким. Потому что тот, кто через гордыню делает своё бремя тяжёлым, поистине должен будет нести его сам.—Св. Василий Великий

Во всём, что мы делаем, мы должны искать не только добродетельности, но также и осуществимости, чтобы не браться за то, что мы не в состоянии выполнить.—Св. Амвросий

Придуманные ошибочные обязательства—это все те начинания, выполнив которые, вы бы стали выглядеть сверхпрекрасным, выдающимся, намного лучше и более претенциозно выглядящим, чем другие люди, со сходными способностями и возможностями. Ваши обычные обязательства такие, как уборка дома, уход за садом, ремонт всяких вещей, преданность друзьям и участие в семейной жизни—не придают вам какой-либо особенно выдающийся или исключительный вид. Люди, обременённые множеством ошибочных обязательств, неизбежно плохо справляются с каждодневными нормальными обязанностями. Они имеют тенденцию никому ни в чём не помогать. Дают обещания и не исполняют их, не задумываясь. Говорят вам о том, что будут на вашей вечеринке или встретятся с вами в определённый день, и в девяти случаях из десяти изменяют свое решение в последнюю минуту с какой-нибудь неубедительной отговоркой. Хотя они постоянно винят себя за то, что не любят всех и не проявляют доброты к каждому, у них почти полностью отсутствует чувство обязательности по отношению к другим, и чаще всего они абсолютно не считаются с другими людьми. Они редко замечают домашнюю работу, которую могли бы выполнять, и не чувствуют вины по этому поводу. Но испытывают ужасную вину и чувствуют себя несчастными из-за придуманных обязательств, выполнять которые не могут.

Способ избавиться от чувства вины, а заодно и от ошибочных обязательств (потому что у нас у всех они есть)—это молитва и исповедь. Без этого не обойтись. Отцы говорят, что без исповеди человек не может быть исцелён от страстей. Во многих местах Библии сказано то же самое. Безусловно, мы исповедуемся в своих грехах и слабостях перед Богом во время любой своей молитвы. Но также необходимо исповедоваться перед священником, или монахом, или перед каким-нибудь другим христианином. Вы можете заметить, что люди, которые молятся, но никогда ни перед кем ни в чём не исповедуются, практически не меняются. Это происходит потому, что они совсем не хотят менять себя, и причина, по которой они не хотят изменяться, состоит в том, что они слабо верят в то, что с ними что-то не в порядке. И наоборот, люди, которые страстно верят во что-то, всегда желают дать знать другим об этом. Им необходимо исповедоваться в том, во что они верят. И также каждый, кто по-настоящему верит в то, что нуждается в помощи Бога, исповедуется и в этом. Он пойдёт к другому христианину и исповедуется в своём желании быть исцелённым.

Например, обнаружив в себе признаки страсти гордыни и стараясь избавиться от неё с целью приобретения реального знания о себе и достижения больше гармонии в жизни, наше первое желание будет пойти и исповедоваться в том, как много страсти гордыни в нас. Каковы же некоторые из признаков гордыни, в которых нужно исповедоваться? Строить свои собственные планы без понятия о том, желает ли Бог видеть от нас этих дел. Принятие важных решений без молитвы о них или без совета с людьми христианской веры. Мысли о том, что мы лучше других (быть самонадеянным). Относиться к своей семье по-детски (потребительски). Думать, что мы много знаем обо всём. Осуждать, критиковать других людей. Быть вовлечённым в неправильную организацию или дурную компанию людей (даже если это выглядит случайностью или неизбежностью). Не выполнять своей части работы, которая должна быть сделана. Чувствовать разочарование в деле, которое мы стараемся осуществить. Испытывать скуку или частое уныние. Чувствовать собственную безнадёжность. Всё это проистекает от страсти гордыни. И если вы не только молитесь об избавлении от неё, но и исповедуетесь в этом, то вам гораздо легче освободиться от этой страсти, которая доставляет так много душевных и эмоциональных страданий.

Иногда бывает нелегко найти человека, в чьём присутствии можно благоприятно исповедоваться. Как говорят Святые отцы Церкви, нам следует «исповедоваться в грехах нашей души святому лекарю, способному своими советами и молитвами исцелить нас». Ранняя Церковь учила, что лучше всего исповедоваться только «наполненному Духом» человеку. Такими святыми исповедниками, о которых они говорили, могли бы быть миряне, либо священники. Эти люди обладали особым даром исповедничества. Многие из Святых отцов имели этот дар. Но другие священники и миряне, которые не обладают этим даром, могут выслушивать исповедь и молиться вместе с вами, и целительная милость Божья придёт, так или иначе, при наличии одарённого исповедника или без него. Но некоторым категориям людей исповедоваться лучше не стоит. Например, искусным льстецам. Тем, кто обращает ваш грех в благое дело и заставляет вас тайком гордиться собой. Люди такой категории похожи на врача, который не говорит вам, что ваш аппендикс вот-вот лопнет, потому что он не хочет вас расстраивать.

> *Те, кто притворяются, что они добры, и не признают ваших грехов, на самом деле, приговаривают вас и замышляют заговор против вашей истинной жизни.—Св. Василий Великий*

Второй категорией людей, которым лучше не исповедоваться являются те, кто дают жёсткое осуждение, или критику, или бестолковые советы так, что после исповеди вы выходите от них с чувством беспокойства, или отверженности, или гнева, и в гораздо худшем состоянии, чем были до исповеди. Искренне раскаиваясь, вы беззащитны, вы обнажаете свои слабости. И Бог судит очень сурово любого, кто осуждает вас или пренебрегает вами, когда вы слабы и унижены. Святые отцы говорят, что раскаяние есть оплакивание человеческих грехов и отдаления человека от Господа. И в Библии сказано, что плачущие люди блаженны, потому что будут утешены—утешены, но не раскритикованы, с вынесением выговора, и не отвергнуты. Так что избегайте исповедоваться тому, кто выглядит холодно и осуждающе по отношению к человеческим слабостям, и ищите того, кто согрет Божьим состраданием и любовью к грешникам.

Некоторым люди, которым не нравится идея раскаяния и исповеди, рассуждают следующим образом: их появление на свет от них не зависело, и у них нет представлений, какими они должны быть. И то, какие они есть, это проблема других людей, потому что они сформировались под влиянием наследственности и окружающей среды, и ничего не могут с этим поделать. Позвольте мне показать вам, что это в некотором смысле просто лукавство, подмена понятий желаемых взамен действительных. Предположим, вы рано утром умыты и аккуратно одеты. Прекрасно выглядя, вы выходите в школу. Но на улице льёт, как из ведра. Проезжающая машина окатывает вас грязью с ног до головы. Чей-то зонтик отрывает от вашего плаща пуговицу. Вода с плаща протекает на одежду, и она так намокает так, что через некоторое время кажется, будто вы в ней спали всю ночь.

Придя домой и, посмотревшись в зеркало, вы обнаружите себя в достаточно жалком виде. Возможно, одной из первых ваших фраз будет: «Я не в ответе за всё это, поэтому не моё дело приводить себя в порядок». Как вы думаете, стоит ли пойти на следующий день в школу в том же виде, в каком вы оказались после вчерашней грозы, и пытаться объяснять всем и каждому, что это не ваша вина? Почему бы нет? Это могло бы сойти за правдивое положение дел, или все-таки что-то вас смущает? Да, это могло бы быть правдой, но не выглядело бы хоть сколько-нибудь разумным. А помните, что говорят святые? – Всё, что неразумно, есть грех. Дома у вас есть мыло и вода, иголка с ниткой и всё остальное, что вам может понадобиться для того, чтобы привести себя в порядок. И если на следующее утро вы бы пошли в школу в грязном виде, то почувствовали, что поступаете как-то неправильно, и что, в самом деле, являлось бы неправильным. Вы были бы виноваты в исключительно вашем неразумном поведении.

У нас всех есть подобный духовный опыт. Каждый человек наследует определённые страсти и в большей или меньшей степени испорчен окружающей средой. Но, когда мы возвращаемся домой, к Богу, у нас всех есть зеркало, в которое можно посмотреться. Знаете ли вы, что это за зеркало? Это Закон Божий. Святой Павел говорит: «...Законом познаётся грех...». Видите? Глядя на сияющий Закон Божий, напоминающий о том, какими великолепными мы могли бы быть, в сравнении легко увидеть, насколько мы загрязнены и бездуховны. Это то же самое, когда мы смотрим на святых, и понимаем, как далеко нам до их святости. Всё божественное это большое сверкающее зеркало с нашим маленьким отражением, неопрятным, забрызганным грехами и проблемами, глядящее в него. И, несмотря на всё это, святой Павел говорил: «...когда умножился грех, стала преизобиловать благодать...» (Римлянам, 5:20). Это означает, независимо от количества греха в мире, благодати в нём всегда больше, и она преобладает над грехом, так же примерно, как у нас всегда больше мыла и воды, чем грязи на нашей одежде. Это означает, что Бог господствует над природой, и Его сила благодати всегда способна очистить нас, несмотря на любую глубину нашего духовного загрязнения.

Поэтому, не имеет никакого значения, насколько мы бездуховны, насколько травмированы и запутаны окружением, насколько страсти овладели нами, стоит нам посмотреть в Божье зеркало и понять, что в нас не соответствует Божьему образу человека, и наша работа будет заключаться только в том, чтобы получить очищение, используя Божью благодать. Всё, происходящее с нами до этого момента, не было нашей личной ответственностью. Но с этого момента, когда мы знаем о Законе Божьем, отражающем наш образ, задуманный создателем, и о Божьей благодати, мы полностью ответственны за свое духовное состояние. Первая настоящая вина, которая может быть, это обнаружить в себе грех и не воспользоваться благодатью Божьей для очищения. Благодать Божия называется «изобилующей благодатью», потому что даёт бесконечно больше, чем простое очищение. Когда мы раскаиваемся и исповедуемся, Божья благодать не только исправляет наши грехи, она полностью обновляет—даёт нам новые знания, новую силу, новые привязанности, новые интересы, новую уверенность в себе и удивительную новую любовь к Богу.

Это как будто тебе предстоит не только исцелить больного человека от его недуга, а ещё и дать ему красоту, и силу, и славу. Это как будто ты не только даёшь пищу голодному, но также отдаёшь ему во владение великие богатства и даёшь высокое положение.—Св. Иоанн Златоуст (объясняя изобильную благодать)

Исповедь о проявлении гордыни и раскаяние в ней, обязательно, через некоторое время приводит к ясному пониманию себя. Как говорят Святые отцы, ваше мышление отрезвляется и становится бодрствующим. Вы вероятно думаете, как это неприятно осознавать собственные слабости и исповедоваться в них другому человеку, и чувствуете, будто это принижает вас. Но, было бы странно таким же образом думать, когда вы обращаетесь к врачу, верно? Если вы больны, у вас проблемы со здоровьем, вы признаётесь в них доктору и рассказываете ему о симптомах своей болезни, чтобы он мог вас вылечить. Страсти причиняют вам такую же боль, как любая другая болезнь. Они оказывают парализующее действие на ваше мышление, подчас делая его бредовым, как при высокой температуре. Они приводят вас к раздражению и лихорадочным действиям, которые обычно несвойственны вам и доставляют неудобства. Раскаяние же и исповедь в них приносит Божье исцеление, таким образом, возвращая вам духовное здоровье.

> *Блажен человек, который осознаёт свою слабость, потому что знание становится фундаментом, корнями и началом всякого блага. Потому что как только человек поймёт и по-настоящему почувствует свою слабость, он немедленно обуздывает гордость своей души, которая затуманивает разум, и таким образом он получает защиту.—Св. Варсонофий*

Мы рассказали о придуманных, ошибочных обязательствах, но не упомянули, в чём же заключаются настоящие обязанности. Возможно, вам интересно узнать, какая мораль требуется в христианстве. Если вы выросли на Западе, то вам необходимо изменить свои представления о морали коренным образом для того, чтобы соответствовать святым учениям древних христиан. Вы, вероятно, представляете мораль, как правила, согласно которым следует жить. И возможно, вы пытались решить для себя, сможете ли выжить, следуя этим правилам, или попросту сделаетесь социально неприспособленным в современном окружающем мире. Возможно, также вы обнаружите, что очень трудно найти веские причины сохранять нравственность и верность определённым обязательствам, так как нравоучений вокруг много, но едва ли кто объяснит, зачем их нужно выполнять.

Давайте посмотрим, как нравственность работает на практике, и как христиане подходят к морали и обязательствам. Нравственность—это просто образец поведения, возникающий сам собой в результате веры и действия обретённого Святого Духа. В Библии сказано: «Добрый человек из доброго сокровища выносит доброе». (Матфей, 12:35). И отцы объясняют, что «доброе сокровище» есть Святой Дух. В Библии также сказано, что хорошие люди узнаются по их плодам—по их поступкам и делам. Плодом христианской веры и является христианская нравственность. Для истинного христианина, в первую очередь, нужно думать о том, во что он верит, а нравственность и обязательства проистекают из этого. Христианство верит, что мы не можем выжить и быть по-настоящему собой без Бога. Это дает нам лишь одно настоящее обязательство перед собой—а именно, жить вместе с Богом. Обязательство выжить и стать теми, кем мы были задуманы, заложено в нас Богом в виде мощного инстинкта. Ничего нет более противоестественного и странного, чем существо, которое бы родилось и затем не захотело бы сохранять себя и заботиться о себе. Для нас это означает, что мы должны заботиться о себе духовно, потому что мы одухотворённые существа, предназначенные для вечной жизни с Богом.

> Бог, пообещав вам вечное благословение и дав дар Духа в вашем сердце, распорядился вам заботиться о своей жизни, чтобы ваше сокровенное «я», освобождённое от страстей, могло уже в настоящей жизни начать вкушать от этих божественных благословений.—Св. Максим Исповедник

В таком случае, первым вашим обязательством должно быть обязательство перед самим собой. Вы должны научиться оберегать себя и приносить пользу себе через единение с Богом. Это означает, что вы обязаны читать и слушать о Боге, собираться вместе с другими христианами, молиться и просить Бога надёжно соединить вашу жизнь с Ним. Пока вы не исполните это первоначальное обязательство перед собой, у вас ничего хорошего не получится с выполнением обязательств перед другими. Святые отцы напоминают нам: «Сначала делайте добро, которое вы знаете; тогда добро, которого вы не знаете, откроется вам». Так что не позволяйте себе беспокоиться о других обязательствах и заповедях, пока вы не выполните это первоочередное обязательство о сохранении и пользе себе через искреннее обращение к Богу.

Затем вместе с этим придут и другие обязательства. Они тоже будут обязательствами перед собой, даже если иногда и будет казаться, как будто это обязательства перед другими людьми. Например, вы осознаёте, что нельзя раздражаться, злиться и ненавидеть кого-либо. На первый взгляд кажется, что это очень плохо для окружающих вас людей, которым передаётся это зло. Но бывает, некоторые люди не реагируют на вашу ненависть вовсе. В любом случае, прежде всего, заповедь о том, что нельзя ненавидеть других людей, необходима для вашего же собственного духовного покоя. Это то же самое, когда вы понимаете, что нельзя желать что-то или украсть то, что принадлежит вашему соседу. Эта заповедь даётся не для того, чтобы защитить соседа от потери. Она предназначена для того, чтобы защитить вас от потери самоконтроля, потери веры в то, что Бог даёт вам всё, в чём вы нуждаетесь, и, может быть, от потери спасения. Также, вы осознаёте (я надеюсь, уже немного осознали), что должны вносить свою лепту в работу по дому, или в работу со своими друзьями, или в своём коллективе. И совсем не потому, что другие не могут без вас обойтись, а потому, что вы не можете нормально существовать и поддерживать душевное равновесие, если бездельничаете и социально не связаны с другими людьми, разделяя с ними общее дело.

Все заповеди, данные Богом, святые считают «божественными предписаниями нашего интеллектуального и духовного здоровья». И чем быстрее вы их усвоите и начнёте выполнять, тем здоровее и сильнее, и более здравомыслящим вы станете. Знаете, что по словам отцов есть здравомыслие? Совершенное полное послушание Богу. Потому что совершенное полное послушание Богу означает, что вы идеально оберегаете себя и заботитесь о себе. Неформально часто христианство называют «здравым смыслом» в жизни. Бог не даёт вам списка правил поведения, Он просто желает вам прекрасно выглядеть и быть здоровыми. Он даёт божественные рецепты для вашего здоровья и безопасности. Когда вы выполняете обязательство желать себе здоровья и безопасности согласно заповедям Божьим, это соединит вас с Божьей волей. Это приведёт вас к послушанию даже при условии, если вы делаете это ради себя самих. Исполнение этого простого и естественного обязательства, в конце концов, заставит вас ценить, почитать и любить Бога так сильно, что вы будете жаждать угождать Ему во всём. Это и есть христианская нравственность—иметь достаточно мудрости и любви к Богу, чтобы преисполниться решимости угождать Ему во всех своих делах.

Глава 5

Храните свою сексуальность на сберегающем счёте

Предположим, что кто-то подошел к вам и спросил: «Неужели сексуальная сдержанность у христиан может считаться их большим преимуществом? Эх, ведь секс—это прекрасно, это замечательно, и разве христиане не верят в то, что нужно пользоваться всем, что Бог тебе даёт? Так в чём же проблема?» У всех ли нас есть достойный ответ на этот вопрос, который будет звучать зрело, и в то же время без грубости и принижения вопрошающего? На самом деле, разве неправда, что мы должны пользоваться и наслаждаться всем, что Бог нам даёт? Кажется, не об этом ли сказано в притче о талантах? Человек, получивший талант от Бога и потом просто закопавший его в землю, вместо того, чтобы использовать его, остался в проигрыше. Бог сказал: «У неимеющего отнимется и то, что имеет».

Однако, к разумному воздержанию в сексуальных отношениях эта притча не имеет никакого отношения, и вот почему, использование секса больше похоже на особый вид искусства. Но это не те многочисленные рекомендации для применения секса, психологические, а также физические способы, которые описаны в большинстве современной литературы. Надеюсь, каждый из вас знаком с расходом финансов на практике и знает, что иногда лучший способ использовать деньги, это не тратить их, а сберегать до определённого момента. Очевидно, что, например, неудачно потратив их на бесконечное множество маленьких закусочек и безделушек, вы не сможете купить понравившиеся лыжи, или приобрести нужную машину, или отправиться в дальнюю заманчивую туристическую поездку, или позволить себе великолепный отпуск. Как в вопросе удачного использования денег, так и в создании интимных отношений скорее требуется некое специальное знание, что-то вроде ноу-хау о том, когда и как нужно пользоваться сексом, чтобы получать то максимально возможное счастье и радость, которые он должен приносить.

Для лучшего способа поразмышлять об этом, давайте вернёмся на минуту в райский сад, Эдем, где у Адама и Евы было всё, что только возможно пожелать. Между прочим, история Эдема является Божьей правдой о нас, переданной в форме библейского рассказа. Если же вы сомневаетесь в этом, то предлагаю провести простую аналогию: представьте, что вы видите своего друга, идущего по улице. Определённо, вы не будете искажать смысл происходящего и говорить: «Смотри-ка, вон идёт мужское одеяние, а в нём, кажется, мой друг». Вы, естественно, скажете: «Вон идёт мой друг». И это будет истиной. Так и история о рае повествует только то, что истинно содержится внутри её, так же как и одеяние вашего друга движется только вслед его движению. Так что было бы обманом говорить: «Вот библейская история, которая, возможно, содержит в себе некую долю правды». Мы естественно говорим: «Это правда о нас, облачённая в библейскую историю для того, чтобы мы могли распознать её». История Эдема есть правда о том, кто мы и в какой ситуации оказываемся от рождения. Нигде, ни в какой области психологии или философии, не было рассказано настолько правдиво о нас, как в истории об Адаме и Еве в райском саду.

Так или иначе, Бог показал всё вокруг Адаму (мужчины могут порадоваться, узнав, что это было до сотворения Евы) и пригласил его пользоваться и наслаждаться всем в раю. Затем Он дал ему первую заповедь. Он сказал: «А от дерева познания добра и зла, не ешь от него, ибо в день, в который ты вкусишь от него, смертью умрёшь» (Бытие, 2:17). Вы заметили, что Он не сказал, что это дерево плохое? Почему же тогда Он сказал не есть от него? Просто потому, что Адам был слишком молод, только что сотворён, чтобы суметь совладать с тем могущественным знанием добра и зла, что было в его плоде. Согласитесь, что весьма опасно для только что сотворённого и едва повзрослевшего человека сразу приступить к познанию добра и зла, для этого нужна определённая зрелость. Эта ситуация чем-то напоминает то, как можно отважно пойти на змеиную ферму и, не имея навыков, без обучения, пытаться вытащить из гремучей змеи её жало. Это всё равно, что пойти в бой, не зная, как принимать приказы или стрелять из винтовки. Поэтому-то Бог и сказал: «в день, в который ты вкусишь от этого плода, смертью умрёшь».

Дерево познания было для испытания, и доказательства, и обучения. Это знание есть добро для зрелых людей и одновременно зло для незрелых, всё равно как твёрдая пища для нежных младенцев, которые всё ещё нуждаются в молоке.—Св. Василий Великий
Дерево познания было добром, и плод его был добром. Потому что речь шла не о дереве, а о непослушании, которое несло в себе смерть. Потому что в том плоде не было ничего, кроме знания, и знание есть добро, если использовать его благоразумно. Но Адам, будучи по возрасту лишь младенцем, был ещё не готов принять знание по достоинству.—Св. Феофил

Таким образом, Адам и Ева стали смертными, поскольку они не послушались Бога. Они не стали дожидаться той духовной зрелости, которой Бог хотел бы видеть в них для того, чтобы дать вкусить им плод от дерева познания. И они были изгнаны из рая. Знаете ли вы, что «рай» означает на древнееврейском языке? Это означает «восторг». Они потеряли свой восторг, своё счастье, не держась Бога и не позволив ему постепенно подготовить их к более зрелым переживаниям и чувствам. Это всем нам должно о чём-то напомнить!

Вы начинаете понимать связь? Секс—это ваше фруктовое дерево в раю. Люди говорят о нём сущую правду—оно красиво и прекрасно, и есть дар Божий. Но если вы вкусите от него слишком рано, то у вас будут неприятности, как у Адама и Евы. Секс не случайно был вам дан в молодом возрасте. Бог мог бы подождать, пока вы созреете психологически и будете готовы к созданию семьи, так же, как он мог бы держать дерево познания подальше от Адама и Евы, пока они не станут зрелыми людьми. Да только нельзя достичь зрелости, не пройдя через некоторые испытания характера—не встав на свои собственные, взрослые, ноги и не выбрав Бога, имея полную свободу воли в вашем личном выборе. Мы начали эту книгу с утверждения, что человек становится взрослым после исполнения ему двенадцати лет. Его половая зрелость–самое большое тому подтверждение, потому что это его первое духовное испытание. Это его первая возможность добровольно выбрать Бога, защитить свою жизнь психологически и увеличить собственную способность быть счастливым.

Адам и Ева умерли, потому что не устояли и не сберегли плод от своего дерева познания для будущего. А какие же потери случаются в вашей жизни, если вы вкушаете плод от вашего фруктового дерева, секса, не достигнув духовной зрелости? Это может происходить по-разному. Самое худшее, я думаю–это то, что вы перестаёте расти эмоционально, если начинаете и продолжаете использовать секс почти сразу, как только он появляется в вас. Духовно вы ещё не совсем выросли. Если бы вам пришлось зашнуровать на своих ногах ботинки, когда вы ещё не полностью выросли физически, и никогда не снимать их, у вас осталась бы нога детского размера, несмотря на то, что вы стали взрослым, как бывало с китайскими женщинами. То же случается в том случае, когда вы бросаетесь в секс прежде, чем полностью успеваете вырасти психологически. Вы мало растёте, а ваши сексуальные способности не растут совсем. Они зашнурованы на ваше подростковое понимание того, какими они должны быть, и секс никогда не станет для вас тем большим переживанием, каким ему назначено быть по природе.

Тысячи людей старшего возраста не способны на зрелые сексуальные переживания только потому, что их секс до сих пор отражает подростковое состояние. Они могут испытывать физическое удовлетворение (хотя многие не испытывают), но в нём нет ни силы, ни личности, ни красоты, ни любви–ничего. Секс для них примерно так же волнующ и нежен, как рукопожатие с чванливым политиком. Многие из этих людей исступлённо пытаются получить одно и то же, больше секса, что делает их хуже, вместо того, чтобы сделать лучше. Они думают, что если будут больше заниматься сексом (что вовсе не обязательно для здорового человека), и если женщины будут более соблазнительными, или если мужчины будут одерживать больше побед, то тогда они станут более женственными или мужественными. Мир настолько обезумел от страсти гордыни (невежества), что на самом деле верит в то, что интенсивные занятия сексом делают девушек более женственными, а юношей—более мужественными. Нет ничего, что было бы столь далеким от истины. Зрелыми мужчинами и женщинами делает нас отнюдь не животное, которое в нас (я имею в виду, что каждая обычная собака или кошка может успешно заниматься сексом), а Бог, который в нас. Только духовная пища от Бога и Его заботливое опекание делает нас теми, кем мы были задуманы при сотворении—совершенными мужчинами и совершенными женщинами. Как человек в здравом уме может вообразить себя настоящим мужчиной, если он не преодолевал трудностей, не проявлял свою силу и мужество? Только совершенно дикий человек может верить, что если он будет заниматься сексом так много, как ему хочется, то магическим образом превратится в зрелого мужчину. Секс никогда ещё не сделал ни из кого ни настоящего мужчину, ни настоящую женщину, и никогда не сделает. Неправильно использованный, он делает только противоположное—делает людей постоянно слабыми и инфантильными. Но по-настоящему зрелый мужчина и по-настоящему зрелая женщина могут сделать из секса нечто волнующее и прекрасное.

Блажен человек, который переносит искушение, потому что, быв испытан, он получит венец жизни, который обещал Господь любящим Его.—Иаков, 1:12

Показатель вашей зрелости—это способность говорить «нет» в тех случаях, когда это действительно трудно сказать. Время от времени большинство из вас способны сказать «нет», но каждый раз делать это очень нелегко. Вы можете услышать обвинение в трусости, или в слабости, или в глупости—что нелогично, потому что если человек в состоянии сказать «нет», это обычно является признаком мужества, и силы, и мудрости. Или вас могут спросить о причинах отказа. Это также странно. Если вы говорите «да» в ответ, когда они хотят, чтобы вы что-то сделали—они ведь не спрашивают о причинах вашего согласия. Они делают это только когда вы говорите «нет». Поэтому, когда они спрашивают вас о причинах, это значит, что им просто не нравится ваше решение, и таким образом они пытаются заставить вас изменить ответ; им не важны реальные причины вашего отказа. Поэтому к чему им что-либо объяснять? Почему просто не настоять на своём ответе и немедленно не переменить тему?

Наши глубокие и лучшие природные инстинкты заложены в согласии с заповедями Божьими так, как будто сам Бог подстраховывает нас в желании сказать «нет» в том случае, если это противоречит Его заповедям. Таким образом, мы всегда имеем возможность усвоить хотя бы одну из Его заповедей для своего спасения, когда кто-то пытается ввести нас в заблуждение. Однажды молодой человек настойчиво пытался вовлечь девочку-подростка в обсуждение секса, возможно с дальнейшими намерениями. Они проходили мимо публичной библиотеки. Устав спорить с ним, она сказала: «Ты видишь эту библиотеку? В ней множество книг, библий, написанных святыми. Найди из них хотя бы одну, которая соглашалась бы с тобой, тогда я соглашусь тоже». Это было так легко. Они долго оставались друзьями после этого, и этот проблемный разговор о сексе никогда больше не возникал между ними. Когда наша жизненная позиция поддерживается Божьими заповедями, то всё становится намного проще. Более того, кроме заповедей Божьих с нами всегда сильнейшая помощь Святого Духа, которая даётся нам при крещении.

Человек, желающий действовать праведно, получает от Бога силу действовать, независимо от того, где он находится.—Св. Симеон Новый Богослов

Тот, Кто в вас, больше того, кто в мире.—1 Иоанн, 4:4

Когда человек достигает подросткового возраста, то в течение многих лет он получает так много указаний, чего «можно», а чего «нельзя» делать, что впоследствии чувствует себя страшно уставшими от них. Но вы ведь любите, когда тренер даёт команды, которые, в конце концов, приводят вас к успеху, и вы становитесь настоящим игроком. И вам нравится, когда учитель драмы, или танцев, или музыки требует выполнения заданий, которые учат вас участвовать в пьесе или выступать исключительно хорошо. И когда заповеди приводят вас к новым способностям и новым переживаниям, вы любите их, даже если они требуют тяжёлой работы и самодисциплины. Божьи заповеди ведут к открытию новой жизни в себе, о которой вы не представляете, пока не познаете её на личном опыте. Бог ваш главный Тренер и ваш преданный Учитель, обучающий вас для той полной жизни и открывающий в вас ту глубокую личность, к чему ваше собственное сердце всегда стремилось и было предназначено.

Вы удивитесь, когда узнаете причину, откуда идёт ошибочное понимание о предназначении секса, не дающее многим стать зрелым мужчиной или женщиной. Происходит это от огромного количества гордыни, пребывающей в каждом из нас, о чём сказано в предыдущих главах. Страсть гордыни называется «нечистой страстью». Все страсти нечисты, безусловно, но гордыня особенно нечиста, так как для святых людей есть что-то мерзко отвратительное и отталкивающее в мирских людях, путающих себя с пречистым Богом, воображающих, что царство, и святая сила, и бесконечная слава Бога—это то, что может исходить от них самих.

Как говорят Святые отцы, нечистота, разумеется, не начинается с секса или чего-либо физического и материального, потому что дьявол не занимается сексом, и у него нет физических нужд, но он является наиболее нечистым их всех существ. Из-за его гордыни его называют нечистым. И когда секс называют нечистым, или блудным, это означает, что этот секс происходит от гордыни, именно нечистота гордыни содержится в нём и загрязняет его, подобно тому, как отвратительные отбросы засоряют реку.

Мерзость пред Господом всякий надменный сердцем...—
Притчи, 16:5

Но как они, познав Бога, не прославили Его, как Бога,
и не возблагодарили, но осуетились в умствованиях
своих, и омрачилось несмысленное их сердце;
Называя себя мудрыми, обезумели,
И славу нетленного Бога изменили в образ, подобный
тленному человеку, и птицам, и четвероногим, и пре-
смыкающимся, —

*То и предал их Бог в похотях сердец их нечистоте,
так что они сквернили сами свои тела.—Римлянам,
1:21-24*

Блуд (нечистый секс), как фальшивка, вводит в заблуждение людей, создавая только видимость искренних, глубоких чувств настоящей любви. Он создаёт впечатление, что люди теплосердечны, когда на самом деле это не так. Он выдаёт ложную картину о нежно любящих людях, когда нет настоящего чувства любви. На протяжении всей своей жизни каждый раз вы будете убеждаться, что только самоконтроль порождает любовь и взаимоуважение, потому что настоящие глубокие чувства требуют настоящей силы, которой не может быть в человеке, потакающим собственным слабостям. Некоторые люди, так называемые «лицемеры» (люди, которые преисполнены желания выглядеть добродетельными перед другими и получать восхищение за это), могут обладать поразительным самоконтролем, показывая его перед другими людьми, в то время как, внутри себя, они чувствуют полную запутанность, незрелость и, в каком-то смысле, скверность. Однако человек не может владеть контролем над собственным телом, если он не владеет контролем над своим умом. И человек никогда не сможет контролировать свои мысли, пока не освободится от страсти гордыни. Самоконтроль и самодисциплина помогают достичь людям наивысших результатов в исполнении своей работы. Подтверждением этому являются результаты всех олимпийских чемпионов и всех чемпионов повседневной жизни.

Постоянное же стремление к удовлетворению своих желаний противоположно контролю над собой. Постепенно, идя на поводу своих желаний, вы забываете о других людях. Независимо от того, насколько вежливо изображаете свой интерес к ним, вы на самом деле думаете только о том, что они могут дать вам или сделать для вас. Стремление удовлетворять свои желания везде и во всём вызывает эмоциональную слабость, жестокосердие и очень, очень большую холодность. Их тёплые фразы не дают вам распознать реальную холодность внутри. Люди, идущие на поводу удовлетворения своих желаний, никогда не заботятся о других, и не интересуются, что чувствуют или думают другие люди. Они заботятся лишь о том, чтобы получить всё, что им хочется, и они всеми способами добиваются этого, очаровывая приятной лестью. Когда такие люди, стремящиеся удовлетворить себя, говорят, что они вас любят, их чувства сродни любви к бифштексу, при виде которого у них начинается интенсивное слюновыделение. Каждый раз для них секс—это предвкушение наилучшего по вкусу бифштекса. Перед тем, как только вы будете готовы растаять под их чарами, постарайтесь остановиться и спросить себя: «Действительно ли хочется мне быть чьим-то бесформенным устаревшим бифштексом?» И чем больше человек распутничает, занимается блудом, тем более он становится жестокосердным, холодным и эмоционально бесплодным, хотя внешне он может выглядеть очень милым и приятным. И даже, если такой человек женится, его интимные отношения остаются нечистыми, поскольку человек наполнен холодностью, гордыней и постоянным желанием угождать только себе.

Позволяя себе удовольствие в блуде, человек становится таким внутренне холодным и эгоистичным, что впоследствии уже не способен на нормальные эмоции в интимных отношениях. Вдобавок, из-за того, что, как правило, такой человек часто жаден, эгоистичен и духовно незрел, многие люди, которые хорошо его знают, не могут выносить его физически. Его партнёр постоянно будет находить отговорки, чтобы не иметь с ним интимных отношений, вызывая в нём чувство, будто он и не мужчина вовсе, кем, по-правде говоря, он и не является. Не удивляйтесь, узнав, как много из тех людей, которые пытаются навязать вам блуд, с целью выгоды или по личным причинам, в собственной сексуальной жизни не имеют успеха. Они пытаются и вас втянуть в свой круг страдающих от несостоятельности в сексе людей. И одна из причин, почему такое большое количество людей так упорно толкают молодых людей к преждевременному сексуальному опыту, состоит в том, что в нашей стране сейчас громадное число сексуальных неудачников. Эти люди настолько не удовлетворены и разочарованы в сексе, что они просто рады увлечь кого-нибудь ещё с собой в зыбучий песок только с той целью, чтобы не чувствовать, что кто-то хоть чуть-чуть лучше их.

Существует иная категория людей, для которых секс является наркотиком. Они жаждут его и не могут обходиться без него. Им кажется, что это укрепляет в них самоуверенность и поддерживает в них настоящую жизнь. Такие люди в худшем из всех положении. В течение короткого времени блудная страсть берёт над ними полный контроль, так что они будут готовы причинить боль любому и пойти на всё, как бы опасно это ни было в смысле болезни или преступления, чтобы добиться своего. Большинство таких людей обычно бывают психологически зависимыми от алкоголя и наркотиков. Эти люди остро ненавидят себя и свою жизнь, потому что гордыня ввергла их в многочисленные болезненные неудачи и разочарования. Они жалостливы и эгоистичны, как дети. Половину времени они почти не способны осознавать существование других людей, исключительно замечая только себя. Многочисленные страсти так сильно овладевают ими, что под их напором внутренние страдания этих людей становятся неописуемы. Некоторые из них ненавидят себя больше всего, а другие больше всего ненавидят людей вокруг себя. Каждый из них молча вопиёт и совершает самоубийство по-своему.

Блудная страсть, которая достаточно легко распознается, всегда сопровождает и следует за первоочередной нечистой страстью—гордыней, которую разглядеть не так просто. Ясно ли вам сейчас, как важно избавиться от этой страсти гордыни? До того времени, пока гордыня действует в нас, мы очень легко вовлекаемся в нечистый секс (блуд), а иногда и в сопутствующие непотребные действия, такие, как курение, алкоголизм и наркотики. Поэтому, когда блуд становится искушением или проблемой для нас, очень важно молиться об избавлении от гордыни. Вместе с молитвой необходимо избегать тех ситуаций, которые способствуют совершению этих действий, и особенно избегать людей, о которых известно, что они могут вовлечь в подобное. Всё это очень важно, поскольку после определённой критической точки, особенно для мужчин, сексуальное влечение (похоть) становится очень тяжело контролировать. Святые отцы говорят, если человек находится под воздействием слишком сильного сексуального искушения, это всё равно, что огонь, разгорающийся близко к пороху.

Итак, брат мой, беги этого огня, потому что ты порох, и никогда не смей думать в своём тщеславии, что ты сырой порох, увлажнённый водой доброй и твёрдой воли. Никогда не полагайся на твёрдость своего решения, потому что часты случаи, когда ты остаёшься наедине с собой, и влага твоих благих намерений постепенно иссушается.—Невидимая брань

Но в том случае, если вы будете избегать секса только потому, что ваши родители или кто-то другой, тоже авторитетный, внушили страх к нему, то, вероятнее всего, вы никогда не достигните гармонии в области интимных отношений. И даже если преодолеете барьер страха, ваше психологическое состояние будет не намного лучше, чем у людей, которые ослабляют себя беспорядочностью в партнёрах. В это время ваше воздержание от секса не является его контролем или хранением в сберегающем счёте, вам просто удаётся избегать его, выбросив в помойку и забыв навсегда. То же относится и к воздержанию от секса по сентиментальным причинам, когда вы думаете, что это пылающее сокровище, которое вы должны сохранить только для одного человека. Секс—наираспространённейшая вещь в мире. Секс не является сокровищем, но вы да! Дело не в том, чтобы сберечь секс для кого-то. Дело в том, что необходимо развить ваше настоящее «я» для кого-то, и чтобы в результате ваши интимные отношения сопровождались вашей совершенно уникальной, возросшей личностью.

Бессмысленно обманывать себя в этом вопросе. Нет никакого смысла воздерживаться от секса, или наоборот, заниматься сексом только потому, что кто-то просит вас об этом. В интимных отношениях достигает гармонии только тот, кто имеет собственную твёрдую позицию в этом вопросе. И ваше искренне желание стать зрелым человеком поможет достичь этой цели.

Почему в христианстве считается, что интимные отношения возможны только в браке? Для этого есть целый ряд серьёзных причин. Только одну из них мне бы хотелось упомянуть здесь. Она состоит в том, что на земле нет пути стать зрелым человеком без обязанностей, без сложностей, без взаимных согласований, которые так необходимы в браке. Но брак с обязанностями не нужен, если вы просто живёте с кем-то и можете уйти в любой момент, когда что-то не ладится. Трудно себе представить, насколько в основном инфантильны и эгоистичны люди, которые ведут сексуальную жизнь без каких-либо обязательств. Наше общество инфантильно исключительно потому, что с христианской точки зрения оно постоянно желает получать только то, что хочет, и всячески старается избежать хоть какой-нибудь ответственности любыми мыслимыми путями. Общество давно глубоко больно, и в наши дни людям приходится опускаться всё ниже и ниже в поисках лазейки от ответственности.

Инфантилизм, происходящий из бесконечного удовлетворения своих желаний и, в конце концов, разрушающий человеческий характер, является вещью языческой. Но та естественная зрелость, основанная на понимании существующих проблем и ответственности, является знаком христианства. В христианство каждый закон работает таким образом, чтобы выполняя их, человек возрастал в своей зрелости. Если в христианстве считается, что интимные отношения вне брака недопустимы, то это означает, что мы готовы для таких отношений только тогда, когда достигаем в достаточной мере мужественности, становимся способными на любовь и взаимоуважение, даже самопожертвование друг для друга, умеем управлять своей жизнью согласно своей воле. Это также предполагает, что вступая в брак, мы не можем бесконечно продолжать своё детское существование, в котором нам приходится стыдиться за свою постоянную слабость, ощущать неудовлетворённость во всём, неспособность завоевать даже уважение живущих с нами рядом людей, несмотря на то, что мы становимся старше.

Теперь вы понимаете, что если человек не выдерживает такого первого экзамена на взрослость, а именно, способности сказать «нет» плодоносящему дереву в райском саду, то в какой-то степени он может потерять свои природные силы в зависимости от того, как долго будет продолжать поддаваться удовлетворению собственных слабостей. И если вы не можете сказать «нет» своему плодоносящему дереву, это верный знак того, что вы не сможете сказать «нет» ничему другому, что будет также важно. Вы не сможете контролировать свою работу, свой банковский счёт, свои разнообразные аппетиты или свою семью. Очевидно, что большинство мужчин сегодня не могут справиться с контролем своих жён или детей, и в том числе не способны регулировать ещё многие другие в мире человеческие отношения. Причина этого одна, они не являются зрелыми мужчинами с властью от Бога в себе, по уровню развития они подростки средних лет.

Именно мужчине Бог первому дал свой закон и все наставления, предполагая, что мужчина должен иметь контроль над своей женой и детьми, надёжно сохраняя их в Божьей руке. Для этого есть очень глубокая психологическая причина, о которой мы поговорим позже. Нельзя защитить кого-то, если нет возможности контролировать. Например, вы должны иметь достаточно контроля над лошадью, которая может поранить себя, когда она пугается и хочет рвануть с места, или в достаточной мере контролировать свою собаку, чтобы она не выбежала на шоссе, где она могла бы погибнуть. Возможность защитить свой дом является единственной причиной для мужчины, чтобы желать контролировать свою семью. Но желание защищать, а поэтому способность контролировать, приходит только от любви. Я имею в виду по-настоящему зрелую любовь, которая имеет силу, и выдержку, и мужество, и скромность в себе. Мужчина потерял контроль, потому что он во многом подавил свою способность любить. Это произошло, потому что, через гордыню, он потерял из виду Бога. Как следствие, он сам не испытывает Божественной любви и защиты, так что не может их передать никому другому.

Когда вы теряете любовь и защиту сверху, вы теряете её по всей вертикали, до самого низа—к мужчинам, к женщинам, к детям, к животным, к самой природе. Вся ваша жизнь выходит из-под контроля, но это не происходит с теми людьми, которые усердно трудятся, чтобы восстановить свою связь с Богом. Так что мужчины, которые не достигли зрелости и не испытали Божьей любящей защиты, сами не могут любить и защищать свои семьи. У них нет власти, чтобы взять на себя любящий и защищающий контроль над своими жёнами и детьми. Женщины восстают против них и придираются к ним, и тратят слишком много денег, и с раздражением говорят о том, что эти мужчины не состоятельны. Дети оскорбляют их, не слушаются, и не выказывают хоть какого-нибудь уважения или предупредительности к ним. Наш пламенный пророк Исайя описывал это ужасное положение лучше, чем кто-либо смог бы его описать, предсказывая некоторые вещи, которые происходят с миром сейчас.

И в народе один будет угнетаем другим, и каждый—ближним своим; юноша будет нагло превозноситься над старцем, и простолюдин над вельможею.—Исайя, 3:5

Притеснители народа Моего—дети, и женщины господствуют над ним. Народ Мой! вожди твои вводят тебя в заблуждение и путь стезей твоих испортили.—Исайя, 3:12

Если вы хотите выжить в нашем современном мире и не потерять естественной способности любить вместе с необходимым контролем над собой и всей своей семьёй, следуйте совету мудрейших и самых любящих людей на земле, святых Бога. Берите контроль над собственным «я» при любой возможности, которую Бог даёт вам. Делайте это с молитвой, с исповедью, с причащением, с религиозными беседами и размышлениями. Когда вы научитесь контролировать себя, с точки зрения духовной силы вы приобретёте богатство, подобно миллиону долларов на счёте в банке, и этого будет вполне достаточно, чтоб завести дом и семью. Сознательно вы не пожелаете жить, как живёт большинство людей в современном мире, ясно понимая все жизненные трудности на этом пути. Но как только мы ощущаем присутствие Бога и Его любящую опеку в нашем сердце, мы способны противостоять открыто всему миру незрелости, и выдержать его натиск.

Мы узнаём приметы настоящего времени из учений, данных нам в Писании; и, создавая свои убеждения согласные с Богом, мы живём единой жизнью с Ним.—Св. Василий Великий

И не сообразуйтесь с веком сим, но преобразуйтесь обновлением ума вашего, чтобы вам познавать, что есть воля Божия, благая, угодная и совершенная.—Римляне, 12:2

Глава 6

Страсть поиска похвалы

В этой главе мы приступаем к рассмотрению второй главной страсти в человеке. Это страсть тщеславия, показной славы, или суетной славы, что означает ненужной и бесполезной. Эта страсть побуждает к непреодолимому желанию демонстрировать себя, выглядеть великолепно, значительно и важно, ища похвалы и одобрения от людей, но не от Бога. Можно подумать, что демонстрация себя с наилучшей стороны по-настоящему никому не причинит вреда и не такой уж большой грех. Но припоминаете ли вы тот момент, когда дьявол искушал Иисуса в пустыне? Он искушал Иисуса трижды, тремя разными помыслами греховными. Учитывая то, что имел дело не с начинающим в христианстве юношей, а с могущественным Сыном Бога, он выбрал три сильнейшие страсти в человеческой природе для прельщения, чтобы обольстив, увлечь Его в свое падение. И одна из них была тщеславие, желание постоянно демонстрировать себя величественным и значительным, приводящее к полной зависимости от мнения других.

Ведя Иисуса наверх, к «вершине храма», дьявол сказал: «Если ты Сын Божий, бросься вниз; ибо написано: Ангелам Своим заповедает о Тебе, и на руках понесут Тебя, да не преткнешься о камень ногою Твоею» (Матфей, 4:6). Тогда Иисус сказал ему: «Написано также: Не искушай Господа Бога твоего» (Матфей, 4:7). Понимаете, что произошло? Иисус отказался демонстрировать свои исключительные феноменальные способности и возможности.

Тщеславие пытается толкнуть вас на что-то эффектное, что похоже на предложение дьявола, и в то же время бессмысленное и не имеющее в себе цели, но особенно не имеющее в себе любви! Оно подстрекает совершать поступки, демонстрирующие вас в прекрасном свете и вызывающие восхищение людей. Но это опустошает вас, по окончанию человеческого восхищения тщеславие не обогащает ни психологически, ни духовно. Получать человеческие восхваления, это то же, что идти в ювелирный магазин и примерять фантастически дорогие бриллианты, которые вы в действительности не в состоянии купить, и будете вынуждены их снять, прежде чем покинете магазин. В течение пары минут вы выглядите блестяще и состоятельно, но вынуждены уйти, не позволив купить себе ни одной вещи. Это то же самое, как представлять себя ведущим актёром в завораживающем телефильме. В течение пары часов вы живёте в волнующем приключении и чувствуете себя почти реальным участником. Но как только телевизор выключают, оказывается, что вы ничего и не совершили, и ничего важного с вами не случилось. Тщеславие услаждает вас чем-то несбыточным или представляет то, чего нет на самом деле, и оно не приносит вам никакой пользы, а только покажет в прекрасном свете ненадолго. Это все равно, как проживать свою жизнь во сне.

> *И как голодному снится, будто он ест, но пробуждается, и душа его тоща; и как жаждущему снится, будто он пьет, но пробуждается, и вот он томится, и душа его жаждет: то же будет и множеству всех народов, воюющих против горы Сиона.—Исайя, 29:8*

Вспоминаете ли вы, как змей соскользнул к Еве и сказал ей, что если она съест запретный плод, то станет наравне с Богом, и уж точно не умрет от этого, как говорил ей Адам? Что ж, когда Ева, польстившись на эту ложь, погибла, это произошло не потому что она была неспособна мыслить правильно, это произошло вследствие действия страсти гордыни. Гордыня создала в ней обворожительную картину преимуществ и наслаждений в случае, если бы она могла быть на месте Бога в раю и распоряжаться всем сама. Гордыня заставила Еву забыть настоящего Бога и Его закон. Отцы говорят, что гордыня поражает в нас мышление или рассудок. В результате, мы становимся невежественными и неспособными здраво рассуждать. Нам кажется, что нет ничего плохого в том, если мы сами принимаем решения, без Бога. Затем к этим мыслям прибавляется тщеславие, воздействующее на пробуждение наших желаний. Таким образом, у нас рождаются желания претворять в жизнь те нелепые идеи, которые гордое мечтание производит на свет. Тщеславие как бы даёт сигнал к началу действий всех наших неверных мыслей. И, когда Ева поверила дьявольскому обману о том, что съедая плод, она станет подобна Богу, и после всего этого она не умрёт—тогда тщеславие усилило её желание к осуществлению тех мыслей, которые были внушены дьяволом и её собственной гордыней. Идея получить всю мудрость и славу, наравне с Богом, казалась ей гораздо более заманчивой, чем просто быть помощницей такого обыкновенного человека, как Адам.

Понятно ли вам, как гордыня и тщеславие дополняют друг друга? Гордыня делает вас неспособными видеть Бога и заставляет думать, что вы сами можете быть Богом для себя, и осуществлять все свои решения сами. И затем, когда к этому присоединяется тщеславие, вам начинают нравиться такого рода начальные условия. Тщеславие держит Бога вне поля вашего зрения, поддерживая в вас чувство собственного главенства и собственной важности, как будто вы на Его месте. Постепенно вы начинаете желать, чтобы реальный Божий свет не проникал на вашу картину жизни, добровольно желаете оставаться с завязанными глазами, чтобы жить в мире своих мечтаний. Библия подразумевает тщеславие, когда говорит: «Суд же состоит в том, что свет пришел в мир; но люди более возлюбили тьму, нежели свет, потому что дела их были злы» (Иоанн, 3:19) Понимаете? Они, в самом деле, хотели темноты!

Гордыня прельщает нас заманчивыми мыслями, рисуя в нашем воображении, что мы должны быть важными и способными к великим достижениям. А тщеславие побуждает нас осуществлению этого желания выглядеть важными и так, как будто мы уже свершили великие достижения, независимо от реальной действительности. Тщеславные люди часто бывают очень усердными работниками. Но они работают не из любви или простой необходимости. Они работают, чтобы получить признание и уважение, чтобы им аплодировали, как актёрам. Они обычно не любят работать, но они настолько не могут существовать без человеческого восхищения, что могут работой свести себя в могилу раньше времени, только ради того, чтобы их восхваляли в течение короткого промежутка времени, который есть у них для жизни. Такие напрасные усилия не делают их по-настоящему счастливыми, потому что такие люди не угодны Богу.

Тщеславие есть изменение природы, извращение характера. Это растрачивание трудов, пустая потеря пота.—Св. Иоанн Лествичник

С гордыней мы просто пребываем в неведении о том, кто мы в реальности. Но с тщеславием умышленно создаём о себе фальшивый приукрашенный образ. Мы строим свой образ так, чтобы можно было постоянно любоваться им, подобно Нарциссу, красивому человеку, который смотрел на своё отражение в воде так долго, что боги, в конце концов, превратили его в цветок, растущий вдоль тихих маленьких водоёмов, чтобы он вечно мог созерцать своё отражение. И, конечно же, это стало причиной его смерти, как человека. Аналогично, когда мы превращаем свой образ в предмет восхищения для себя и других людей, это для нас такая же смерть. Наше истинное «я» оказывается захороненным глубоко на дне нашего сердца, и пока тщеславие у власти, никто о нём больше не слышит. Тщеславие ненавидит наше истинное «я» и желает похоронить его навсегда, потому что оно слабо, и неловко, и могло бы выглядеть унизительным для него. Наше истинное «я» никогда не получило бы всех тех восхвалений и комплиментов, которые тщеславие может получить через наш сфальсифицированный образ. Тщеславие может создать милого, искреннего, преданного, благородного и даже скромного человека, тогда как проявления настоящего «я» могут оказаться не столь совершенными. Тщеславие также всегда ненавидит Бога, потому что Бог ждёт малейшей возможности проникнуть в глубину сердца и оживить истинное «я» и дать ему силы проявиться и жить.

Тщеславный человек желает выглядеть привлекательным, завораживающим, блестящим, одарённым, преданным, держащим всё под контролем и обладающим всеми характеристиками, которым окружающее общество более всего приветствует, как бы создавая ощущение его собственной славы. Но иногда, как упоминают Святые отцы, если хорошими делами прославиться невозможно, то можно прославиться и плохими. Святой Иоанн Кассиан писал, что «где дьявол не может создать тщеславие в человеке с помощью его хорошо сидящей и аккуратной одежды, он представляет её средствами грязного, дешёвого и неухоженного стиля». В любом случае тщеславие заставляет страстно желать внимания и восхищения окружающих людей, при этом человек впадает в полную зависимость от людского мнения. Поэтому отцы говорят, что тщеславие—это угождение человеку вместо угождения Богу. Тщеславные люди не заботятся ни о чём, кроме завоевания похвалы и одобрения других. Они искусно прячут все свои слабости, которые, как им кажется, не вызовут восхищения других людей. Они так тщательно маскируют свои грехи и слабости, что кажется, их нет вовсе.

Хорошо известно, что тщеславие сопровождается необычайно большим количеством гнева, который обычно скрывается, или часто прикрывается болезнью и физическими недомоганиями. Иногда они выражают свой гнев скрытно, храня тяжёлое молчание и игнорируя вас. Или могут открыто разрядиться на вас и после, оправдывая себя, делать вид, что это было праведное негодование по какой-то справедливой причине. В любом случае, тщеславные люди никогда не признаются, что это их слабость или грех. Они либо стараются скрыть свой гнев подальше от глаз свидетелей, либо преподносят его так, как будто это смелый протест, которым стоит восхищаться. Таким образом, эти люди в действительности похожи на пристрастившихся лгунов, которые всегда пытаются произвести на вас впечатление, не являющееся правдой. Из-за бесконечных усилий выглядеть хорошо, они сверхчувствительны к малейшей критике и всегда боятся, что их недостатки будут обнаружены. Чем более они лживы, тем более чувствительны. Иногда, даже самые объективные замечания они воспринимают очень болезненно. Большая часть того, что вы говорите, может оскорбить их, потому что они принимают это как личную критику. Поэтому, тот человек, который легко оскорбляется и обижается, скорее всего, обладает опасно высоким уровнем тщеславия и желает от людей непомерно большого количества похвалы.

Невозможно тому человеку, кто захвачен любовью к похвале, думать о чём-то великом и благородном или делать что-то великое и благородное. Ему приходится быть примитивным, подлым, бесчестным, маленьким, мелко мыслящим.—Св. Иоанн Златоуст

Когда вы впадаете в болезнь угождения человеку (чем все мы страдаем в той или иной степени), то становитесь полностью зависимым от чужого мнения. Если стремитесь только к тому, чтобы вас кто-нибудь похвалил, вы теряете силу постоять за себя. Если кто-то говорит одеваться определённым образом, вы стремитесь выполнить это. Если что-то ему нравиться или не нравится, ваши усилия направляются на удовлетворение его вкусов. Если, по его мнению, вам надо общаться с определёнными людьми, вы общаетесь с ними. Если определённые люди ему не нравятся, вы стараетесь избегать их тоже. Если он посоветует вам не смущать его своей религиозностью, вы готовы для него даже забыть Бога. И если он посоветует вам стыдиться себя, вы немедленно начнёте стыдиться. Как правило, тщеславие впускает в вашу жизнь людей «паразитов», которые бесцеремонно могут войти к вам когда угодно и оторвать от ваших дел. Тщеславие, прикрываясь личиной добра, говорит вам, что с вашей стороны будет невежливо и нечутко, если вы будете слишком твердо следовать тому, что для вас важно, не позволяя другим людям сбивать с пути. Таким образом, оно примиряет вас с личностями, которые отнимают время попусту, и кому на самом деле вы не приносите пользы. Основная функция этих людей состоит в том, чтобы мешать вам в ваших делах, которые действительно являются ценными. Тщеславие—это то, что делает человека неспособным сказать «нет» людям, но вполне способным сказать «нет» Богу. Когда болезнь заходит слишком далеко, то вашей единственной целью в жизни становится угождать другим, чтобы они вас одобряли, хвалили и льстили вам. На этой стадии, если только чудо не вернёт вас к Богу, ваш настоящий человек умрёт внутри вас так, как умер Нарцисс.

Чаще всего тщеславие проявляется как нечто естественное, например, в желании быть привлекательным для противоположного пола. Однажды я была в гостях у молодой женщины, у которой была собственная квартира в Нью-Йорке. Раздался стук в дверь, и приятной внешности сосед вошёл с букетом цветов для неё. Когда он ушёл, молодая женщина с отвращением пожала плечами. «Хоть бы этот человек прекратил мне надоедать»,—сказала она.—«Он вечно делает подобные глупости. То приносит мне цветы, то ещё что-нибудь».

«Что ж,—ответила я.—Если бы ты могла сидеть там, где сижу я и видеть, как страстно ты с ним кокетничала каждую минуту в комнате, то вряд ли бы ты обвиняла его. При таком призывном поведении было бы странно, если бы он мог удержаться и не отвечать». Она была искренне удивлена. «Я и не знала, что делаю это!»—воскликнула она. Она думала, что просто ведёт себя естественно (и так оно и было), но с небольшим добавлением тщеславия, которое заставляло её красоваться и привлекать внимание. Что же она сделала в действительности? Выглядело всё так, как будто она рекламировала нечто, что не собиралась продавать. Такое поведение может вызвать недоумение. Это подобно тому, как рекламировать в газете свою мебель, желая только ею похвастаться, а не продавать. Представляете, какие неприятности вас будут ждать, если люди придут и обнаружат, что она не предназначена для продажи? В Ветхом Завете есть история о богатом короле, который устроил нечто подобное. Однажды, когда одни путешественники проходили недалеко, он решил похвастаться и настоял, чтобы они пришли и восхитились его великолепной усадьбой и изысканным орнаментом из золота и драгоценных камней. Незнакомцы пришли и восхитились всем в полной мере. Но вскоре они вернулась во второй раз и забрали всё, что смогли, а кроме того убили хозяина. Такое также возможно, если вы рекламируете товар, не собираясь продавать.

Хуже бывает тогда, когда женщина рекламирует себя физически, и это позволяет тщеславию накрепко к ней прицепиться, понуждая её к искажению своей женской природы. Оно мешает ей быть естественной женщиной. Вначале тщеславие только предлагает приукрашивать свои собственные сексуальные характеристики с благовидными и неблаговидными намерениями, представляя что это лишь невинное развлечение. Но затем, постепенно оно искажает естество, делая его более и более фальшивым и полностью неестественным. Так оно постепенно делает женщину мужеподобной и отнимает у неё её природные женские черты.

Тщеславие подделывает саму природу. Когда человек тщеславен, в нём нет ничего естественного.—Св. Максим Исповедник

Но не только сексуальная привлекательность используется для того, чтобы произвести впечатление, или добиться похвалы. Также могут использоваться деньги, или личный престиж, или важные социальные связи. Но что бы ни использовалось, страсть произвести впечатление отдаляет человека от всего естественного и настоящего, включая и Бога. О людях, которые в конечном итоге потеряли Бога навсегда, в Писании сказано, что они хотели произвести впечатление и иметь личную славу больше, чем они хотели быть честными с Богом. Одним из таких людей был Ананий. Помните его историю? Желая произвести неотразимое впечатление на апостолов и других христиан собравшихся вокруг, он явился к ним с кучей денег и предложил их Церкви, сказав, что это было всё, вырученное за продажу своей земли. Но на самом деле, немало денег он оставил себе, при этом демонстрируя как будто всё до последней копейки отдал Богу, таким образом хотел произвести впечатление своей святостью и преданностью Богу. И вот за то, что он пришёл в духовное место и солгал там, и за то, что пытался произвести дешёвое впечатление и получить славу для себя, Ананий умер почти сразу же.

Ананий был бы оправдан прежде всего, если бы не обещал деньги Богу. Но когда, стремясь к похвале от людей, он освятил деньги, пообещав их Богу, только для того, чтобы люди восхищались им за его щедрость, и затем оставил часть этих денег себе, он вызвал такой гнев Господа, что ему даже не было дано время на раскаяние.—Св. Василий Великий

Некоторые из иудеев также потеряли Иисуса из-за тщеславия. Немалое их число верило в Иисуса достаточно, чтобы желать идти за Ним и слушать Его, и услышать побольше того, что Он говорил. Но их общество в целом не одобряло серьёзного отношения к Иисусу. И их тщеславие не позволило им даже подойти и послушать Его, потому что они боялись потерять своё высокое положение в обществе и льстящее уважение других людей.

> *Тщеславие заставляет некоторых людей, знающих правду, делать вид, что они её не знают или придерживаются противоположного мнения. Не из-за настоящего неведения отреклись они от Сына Божия, но чтобы добиться почёта от масс. «Они понимали»,—говорит Писание, но боялись, что их выгонят из синагоги. И поэтому они отказались от своего спасения. Тот, кто является рабом славы этого мира, не может достичь славы, которая даётся от Бога.—Св. Иоанн Златоуст*

Когда Иисус сам говорил с этими людьми, Он сказал: «Как можете вы верить, когда вы ищете славы друг от друга, а не славы, исходящей от одного только Бога?» И Он сказал им, что каждый, кто будет стыдиться быть с Ним, и открыто следовать за Ним в своей жизни, не будет способен войти в Его славу в другой жизни. Великие люди в нашей истории никогда не стыдились своего Бога. Они совершенно не волновались о том, чтобы угождать королям и правителям, не говоря уже о толпах или маленьких социальных группах, которые отрицали Бога. Церковь зовёт их львами среди людей, потому что их мужество столь выдающееся. Они не боятся никого на земле. Они герои, потому что живут только тем, чтобы быть угодными Богу, и никогда не беспокоятся об угождении и восхвалении человеком.

> *Цель всех тех, кто живёт в Боге, угождать нашему Господу Иисусу Христу и примириться с Богом-Отцом через получение Святого Духа, таким образом, обеспечивая себе спасение. Если эта цель отсутствует, то весь прочий труд бесполезен и все другие устремления тщетны.—Св. Симеон Новый Богослов*

Для тех из вас, кто достаточно молод, страсть угождения человеку может быть преодолена достаточно легко, если вы будете молиться об избавлении, не дожидаясь, когда это угождение успеет превратиться в закостенелую привычку. Но очень опасно лелеять в себе тщеславие долгое время. Люди с гордыней могут прийти к Богу и быть исцелёнными в любом возрасте, хотя, отложив исцеление на долгие годы, им придётся всё это время страдать от неё. Но тщеславие—это болезнь, которую, дожив до старшего возраста, немногие способны преодолеть, поскольку с годами она укрепляется сильнее и сильнее, и причина этого будет изложена в следующей главе. Когда вы просите, то Бог освобождает вас от тщеславия, и тогда вы будете чувствовать более глубокую честность перед собой, чего не было прежде. Вы почувствуете как ваше истинное «я» оживает. Это подобно тому, как чувствовать себя оттаивающим после морозного зимнего дня, проведённого на улице, когда ваши руки и ноги онемели от мороза. Вы почувствуете, как хорошо быть самим собой, даже если не всё время выглядите великолепным. Ваше чувство юмора повысится, а чувство любви ко всему возрастёт. Желания угождать другим людям исчезнут сами по себе. Вы всё больше будете стараться выполнять дела, которые дают вам пользу и развитие. И желание приносить себе пользу выведет на путь любви и угождения Богу, что является полной противоположностью тщеславию и угождению человеку, и это приведёт вас к совсем другой славе.

Научи меня исполнять волю Твою, потому что Ты Бог мой; Дух Твой благий да ведет меня в землю правды.—Псалтирь, 142:10

Глава 7

Проблемы с перекладыванием своей ответственности на других

Скорее всего, вы знакомы с историей о Прометее. В ней сказано, что в древней Греции Зевс управлял небесами, и Прометей работал на него. Прометею казалось, что Зевс очень сурово относился к людям. И вот однажды Прометей решил восстать против правления Зевса и сделать что-то самому, чтобы помочь человечеству. Он украл огонь с небес и дал его людям, чтобы они могли согреваться и готовить еду. Зевс был в бешенстве, потому что Прометей забрал его небесную «славу» и отдал её простым людям. Поэтому он приковал Прометея к скале, где было холодно и ветрено, и орёл прилетал и съедал понемногу от плоти Прометея каждый день.

Чем больше Прометей страдал, тем больше он ненавидел Зевса и замышлял против него. Прометей был уверен, что он сделал доброе дело, и что наказание Зевса несправедливо. Пришли друзья и попытались уговорить его раскаяться. Один из них сказал: «Ты ещё не научился смирению, ты делаешь только хуже себе. Прекрати восставать. Существуют правила на небесах и великий монарх, который не должен объяснять тебе, почему он так поступает». Другие друзья сказали: «Все твои неприятности в том, что ты не уважаешь Зевса. Ты полон своеволия и ты отдаёшь слишком много славы смертным». Но Прометей лишь ненавидел Зевса и восставал против него всё больше. Ничем хорошим это не закончилось. Страх и безумие овладели Прометеем. В конце, всё ещё прикованный, в ужасных страданиях, он воскликнул: «Я сделал прекрасное и великодушное дело, но посмотрите, какую несправедливость я должен терпеть!»

Дух Прометея живёт в каждом из нас. Мы все время от времени чувствуем, что наши добрые намерения никто не ценит (а иногда мы думаем, что наши намерения даже лучше, чем у Бога), что мы невинные жертвы несправедливости, и мы готовы кричать и протестовать против того, что мы считаем несправедливым. Возможно, мы родились в семье, которая не могла позволить себе по-настоящему дорогостоящих вещей в жизни, и мы не по своей вине не вхожи в те социальные группы, где хотели бы быть. Или мы родились не с белой кожей, и все остальные люди отвергают нас и обижают без уважительной причины. Или мы родились в семье, наполненной такими страстями, от которых мы постоянно пребываем в душевной неурядице и чувствуем себя неспособными выйти из-под их влияния и вести нормальную жизнь. Всё это относится к разряду тех несправедливостей, которые большинство людей осознают и ненавидят и против которых восстают.

Но существует множество других вещей, которые кажутся на первый взгляд несправедливыми. Например, отсутствие возможности учиться в колледже, призыв в армию, или страдания от каких-то тяжелых последствий, проигрыши в спорте, или романах, или школьном соревновании, родители-пьяницы или разведённые родители, которые портят вам жизнь дома и смущают вас, общение с людьми, распускающими слухи либо лгущими про вас, вынужденные дела с людьми, которые унижают вас при малейшей возможности, или родители, которые обращаются с вами как с ребёнком. Всё это часто вызывает к жизни дух Прометея и поднимает волну гнева, потому что вы чувствуете себя невинной жертвой несправедливого и унизительного обращения.

Попробуйте пройтись по улицам почти любого большого города, и, вероятно, куски грязной бумаги прибьёт ветром к вашим ногам, сажу—к вашему лицу, а одна-две соринки попадут вам в глаза. Жизнь такая же ветреная, с мусором, летающим вокруг. И его многочисленные столкновения с вами неизбежны в течение долгого жизненного пути. Вам всегда придётся вытаскивать себя из какого-нибудь мусора (я имею в виду плохое обращение, несправедливость, унижение, личные обиды). Тщеславие, которое желает, чтобы ваш образ выглядел блестяще чистым, и невинным, и прекрасным, ощущает полную катастрофу при виде мусора. Когда тщеславный человек подвергается какой-то несправедливости, он думает, что это что-то возмутительно оскорбительное. Его мысли далеки от того, что это всего лишь естественная часть жизни каждого. Он будет помнить об этой несправедливости всегда. Проходят годы, а он копит все несправедливости, которые с ним приключились за это время, и проводит множество часов, вспоминая детали происшедшего. Он перебирает в памяти всё недоброе или несправедливое, что люди ему причинили, постоянно напоминая себе о всех неудачных обстоятельствах, которые когда-либо складывались вокруг него. Это аналогично тому, как будто он собирал весь мусор, который когда-то ветер случайно пригнал к нему и сидит, окружённый аккуратно сложенными пачками этого мусора. Он становится всё печальнее и злее, как любой человек, кто жил бы посреди мусорной свалки. Святые отцы всегда были в большой тревоге о людях, делающих подобное, потому что это первый шаг к потере всех связей с Богом.

Путь тех, кто помнит несправедливости, ведёт к смерти.—Притчи, 12:31

Память о несправедливостях—это поглощение гневом, ненависть к праведности, червь рассудка, гвоздь, застрявший в душе, непрерывный грех, не спящие прегрешения, ежечасный злой умысел.—Св. Иоанн Лествичник

Второй шаг к потере Бога—это обвинение других людей во всех происходящих несправедливостях, в том числе, во всех несправедливостях, происходящих непосредственно с нами, или во всём, что складывается в нашей жизни не так, как бы нам хотелось. Обвинять других, как это хорошо знакомо. Вот кто-то объявляется и старается нас обвинить в чём-то. Мы отвечаем: «Это не моя вина, он сказал мне сделать это так, или они заставили меня сделать это, или ты не дал мне возможности сделать это правильно!» Так что, получается, когда мы обвиняем других, то делаем это с одной целью, чтобы заявить о своей невиновности и не испытывать вины.

Обвинение других с целью представить себя невинной жертвой называется «самооправданием», потому что мы обвиняем кого-то для того, чтобы оправдать себя. Всё это началось с Адама.

Когда Бог поймал его прячущимся в кустах после того, как он съел запретный плод, Адам живо объяснил: «Жена, которую Ты мне дал, она дала мне от дерева, и я ел» (Бытие, 3:12). После этого Адам расслабился и почувствовал себя совершенно невинным. Это всё была вина Евы–а возможно, даже вина Бога за то, что Он дал ему Еву, если продолжать его логику дальше. Так Адаму удалось почувствовать себя невинным во всём этом деле. Затем Бог спросил Еву о том, что случилось, и она поступила также. Она полностью обвинила во всём змея и не признала своей вины вовсе.

Что такое самооправдание? Самооправдание–это когда человек отрицает свой грех, как мы видим в случаях с Адамом, Евой, Каином и другими, кто согрешили, но, желая себя оправдать, отрицали свой грех.–Св. Варсонофий

Почему самооправдание ещё на один шаг отдаляет нас от Бога? Да потому, что обвиняя во всём других, мы невольно приходим к выводу, что сами свободны от любого греха. Но как же мы можем быть без греха, когда полны страстей? Одна только эта наглая ложь о нашей безгреховности, уже громадный грех! Но хуже этого, когда мы, начиная представлять себя невинными и безгрешными, переходим в состояние самолюбования, перестаём думать о нашем пути к Иисусу. Поскольку единственная причиной, по которой люди впервые обращаются к Иисусу, является желание быть прощёнными и исцелёнными от греха, но если вы думаете, что не нуждаетесь в спасении, то вы определенно не будете искать Спасителя. Помните, когда мы упомянули в предыдущей главе, что укоренившееся тщеславие очень трудно преодолеть, то только сейчас становиться понятно почему. Причина ясна, тщеславные люди не могут поверить в то, что нуждаются в исцелении, поэтому они никогда не обращаются к Богу и не просят Его об этом, и в результате, не могут исцелиться никогда. Если вы не способны поверить, что у вас есть какой-то грех, то никак не сможете раскаяться, потому что раскаяние–это «отказ от греха и обретение добродетели» (Никифор). И раскаяние–это единственная открытая дверь к Богу, которая есть, и никакой другой не существует. Люди, которые раскаиваются, постоянно меняются и обогащаются Богом всю свою жизнь, даже в старости. Но люди, отказывающие покаяться, никогда не меняются, это означает, что они не возрастают духовно, независимо от того, как долго живут. На самом деле, они ненавидят меняться. В конце концов, почему они должны меняться, если ни в чём не виноваты, невинны и совершенны в своём бытие, такие как есть? Они просто не способны понять этого.

Раскаяние – это дверь к милосердию, открытая тем, кто ищет его усердно; через эту дверь мы входим в божественное милосердие, и нет другого пути для нас, обрести это милосердие.–Св. Исаак Сирин

Понять, что мы являемся грешниками, которые нуждаются в покаянии—не особенно трудно. Для этого достаточно молиться об избавлении от гордыни, той страсти, которая закрывает нам правду о самих себе, и после этого вскоре мы всё более начнём различать всевозможные свои страсти и грехи, и также несвятые (нездоровые) дела, которые мы совершаем. Некоторые люди предполагают, что они от рождения невинны, и становятся грешниками только когда совершают грех. Но это такой же абсурд, как предположение, что мы сначала получаем сыпь, а потом приходит и ветрянка. На самом деле, мы грешим вследствие того, что грех уже в нас, так же как мы покрываемся сыпью, потому что вирус ветрянки проник в наш организм до симптомов высыпания. И остаёмся грешниками до тех пор, пока соединяя свою жизнь с Богом, живя в Боге, мы не становимся святыми. И только самооправдание способно закрыть для нас любые возможности соединить свою жизнь с Богом, потому что, отрицая свой грех, мы автоматически отказываемся от покаяния и прихода к Богу за исцелением. А Бог неоднократно повторял, что Он никогда не отвергнет ни одного человека, пришедшего к Нему, как бы ни грешен он был. И в Библии сказано, что Бог всегда отвечает каждому, кто Его призывает.

И будет, прежде нежели они воззовут, Я отвечу; они еще будут говорить, и Я уже услышу.–Исайя, 65:24

Кажется, ну что же хорошего в том, чтобы подумать о себе как о грешнике, недостойном ни благословений, ни почёта, ни всего прочего? Так вот, надо признать, что ничего не даёт такого отдыха и покоя душе, как открытие того, что вы—грешник. На первый взгляд это, возможно, будет звучать противоречиво, но в действительности вы будете хотеть ликовать и праздновать! Понимаете ли, что знать правду—великолепно, ведь вам не придётся больше бродить в потёмках, беспокоясь о множестве вещей, которые совершенно бесполезны. Например, если вы повредили себе руку и не можете пошевелить пальцами, вы не будете продолжать гадать, сломана ли она и как давно, верно? Вы захотите сделать рентген независимо от предположительного диагноза. Вы захотите знать правдивое положение дел для того, чтобы предпринять правильные действия и прекратить сомневаться и волноваться. Так и для духовного состояния, когда через молитву открывается, что вы грешны—это аналогично тому, как видеть себя через рентгеновский аппарат. Пока вы не пройдёте через рентгенаппарат и не увидите, что вы грешны, вы будете бесполезно волноваться и тревожиться о себе год за годом. Таким образом ваше напряжённое состояние может достичь кульминационной точки. Но, если вы уверенно открыли для себя, что вы грешник, тогда вы точно знаете, что вам следует делать. А главное—вы будете знать, что возможно получить исцеление. Вы понимаете, что Бог излечит вас, как только вы покаетесь. С этого момента, когда вы обнаружили свою грешность, ваша жизнь станет гораздо проще. Вы станете счастливы и оптимистичны по отношению к себе, поскольку поймёте, что ваши грехи и страсти—это не ваша сущность. Вы способны быть тем человеком, который задуман Создателем, если будете избавляться от грехов. И Господь определил нам этот путь. Таким образом, однажды осознав свою грешность, в свете лица Божия вы будете способны очистить себя до соринки от всего, что вам не нравится в себе, если будете продолжать с верою молиться об этом.

Будучи способными знать и осуждать то, чем мы являемся, мы немедленно становимся способны любить себя такими, какими нам следует быть в Боге.—Св. Киприан

Признав себя грешником, вы не будете заниматься самооправданием. Вы никогда не будете перекладывать свою ответственность на других. И если продолжаете обвинять кого-то в чём-то, это означает, что вы ещё не осознали в полной мере собственной грешности. Как только перешагнёте через этот порог, ваше внимание возрастёт в большей степени к собственным грехам и к скорейшим способам избавления от них, чем беспокойство о неприятностях, которые приносят другие люди. Вы перестаёте обращать внимание на то, что кто-то унижает вас, или поступает с вами несправедливо, или лжёт о вас. Вы проходите сквозь весь этот мусор вокруг вас, как будто его нет. И если вы страдаете от несправедливости, то и наполовину не уверены в окончательном заключении о справедливости происходящего с вами. Я стараюсь пояснить то, что если кто-то обидел вас несправедливостью, а затем Бог дал вам возможность через эту ситуацию победить какую-нибудь вашу страсть, которая причиняла вам гораздо больше боли и неприятностей, чем любой другой человек, как это справедливо или несправедливо?

Человеческая несправедливость обычно довольна банальна. Но для распознования Божьей справедливости требуется прозорливость и время. Простое исследование себя состоит в следующем: когда я смотрю на себя, что я вижу? Грешника. Много ли я сделал, чтобы заслужить что-нибудь хорошее? Держался ли я подальше от зла, избегал ли совершать плохие поступки по отношению к отдельному человеку? Много ли хорошего сделал для людей? Спас ли кого-нибудь? Конечно, нет. Тогда, когда смотрю на Иисуса, что я вижу? Вижу того, Кто бесконечно добр ко мне и любит меня безгранично. Того, Кто внимает, чтобы услышать обо всех моих неприятностях, всех моих нуждах, затем разрешает все проблемы и удовлетворяет всё, в чём я нуждаюсь. Тот, Кто снимает грехи, которые иначе были бы со мной навсегда, и Кто исцеляет страсти, которые иначе ввергли бы меня в ад. Это Человек, который никогда не совершал несправедливости и никогда не причинял боль, но Кто сам по-настоящему страдал от несправедливости, чтобы сделать для меня доступным Царствие Небесное. Заслуживаю я этой жертвы и спасения? Конечно, нет. Когда я смотрю на себя и на Бога, то не нахожу Его справедли-

вости к себе, поскольку всё, что я вижу, это Его милосердие и
бесконечный избыток его. Определённо, я бы не желал видеть
только одну Его справедливость! Уж точно я бы немедленно по-
шёл ко дну с Его справедливостью и без Его милосердия. Это
была бы прямая погибель для меня—и для вас тоже, и для всех.
Хорошо помнить об этом всегда, но особенно, когда кто-то нам
кажется несправедлив, и до того, как мы начинаем требовать
справедливости. Если бы Бог хотел поймать нас на слове и,
действительно, показать нам чистую справедливость, то мир не
избежал бы полного разрушения! Поэтому, пока не узнаем, как
Божьи справедливость и милосердие проявляются в нашей собственной жизни, мы не должны принимать скоропалительных
суждений о человеческих несправедливостях, которые окружают
нас. Как сказал замечательный ранний христианин Афинагор:
«У существ, которые не знают, что такое справедливость, какие
могут быть жалобы на несправедливость?»

С человеческой несправедливостью, нападками и лишения-
ми от людей, можно сделать только одно—это научиться использовать их себе на пользу. Когда-то у одного очень щедрого человека было несколько работников. Они вели себя крайне неуважи-
тельно, часто не обращали внимания на его указания, которые
были вполне разумны и вежливы. Неряшливо работали, часто
даже не появлялись на работе, были грубы и похабны при его
жене и детях. Он уволил троих, но те, которые пришли вместо
них, были не лучше. Будучи раздосадован, обижен и разгневан,
он решил обратиться к Богу и сказал: «Я прекращу жаловаться
на их неуважение. Я грешник, так почему же решил, что заслуживаю уважения? Господи, прости меня за то, что думал, будто
люди должны уважать меня. И объясни, почему допустил такое
неуважение ко мне. Покажи мне мои грехи и избави меня от жа-
лоб на грехи других». Внезапно к нему пришёл вопрос: «Скажи
мне, насколько ты уважаешь других?» И человек был поражён—
потому что, когда он глубоко об этом задумался, то понял, что
был очень тайно горд собой и по-настоящему вовсе не уважал
других людей. Он почувствовал себя несчастным из-за этого и
раскаялся. И Бог наградил его таким глубоким уважением к другим людям, что позже он приобрёл множество друзей благодаря

этому, а также мир и счастье для себя. Так что, если бы вы могли его спросить, то он бы сказал, что неуважительное отношение тех работников было настоящим благословением. Он повернул сложившуюся ситуацию себе на пользу, обратившись к Богу и раскаявшись в своих грехах.

Одной из самых прекрасных христианок, которых я когда-либо знала, была негритянская женщина. Не очень давно, приглашенные к ней в дом на обед, мы попросили её рассказать нам историю о том, как она пришла к Богу. После рассказа про те обиды, которые ей пришлось испытать, когда она была маленькой чернокожей девочкой, у нас у всех на глазах появились слёзы. Она испытывала несправедливость и жестокость такого сорта, какой нам никогда не доводилось испытать. Люди отвергали ее и избегали, как будто она была больна ужасной болезнью, нанося глубокие душевные раны. Но у неё было мужество и величие сердца, чтобы обернуться к Богу и покаяться в собственных грехах. Чем дольше она это делала, тем больше Бог отдалял её от человеческой несправедливости и приближал её к своей божественной справедливости, и милосердию, и любви. Она настолько наполнилась Божьим Духом, что каждый, любящий Бога, искал с ней дружбы. Думаете, она бы пожелала обменять равенство с товарищами по христианству и общность Святого Духа, разделённого с Божьими святыми, на простое равенство с белой кожей, которая покрывает так много растлённых сердец и потерянных душ? Я точно знаю, что она не желала бы этого делать.

Так что же несправедливость делает с нами: закаляет или надламывает? А это зависит от того, как мы её используем. Разумно использовать её таким образом, чтобы уйти от негодования Прометея, прикованного к скале и проклинающего Зевса, и обратиться к любви Иисуса, распятого на Кресте и благословляющего Отца своего. Это тот путь, который мы выбираем, когда вступаем в Христианство. Мы проходим его, сосредотачиваясь на наших грехах и на нашем покаянии, а не на несправедливостях, которые другие делают по отношению к нам. Когда мы под огнём, то стараемся быть похожими на мудрого Давида.

И стал я, как человек, который не слышит и не имеет
в устах своих ответа

Беззаконие мое я сознаю, сокрушаюсь о грехе моем.—
Псалтирь, 37:15, 19

Люди, вступающие на путь покаяния, использовали своих обидчиков себе во благо. Они использовали несправедливость, чтобы получить милосердие Божье, так умелый хирург может использовать зловеще выглядящий нож для спасения вашей жизни, а не для того, чтобы вас убить. Но люди, которые обвиняют других в своих несчастьях и продолжают думать о том, как сильно другие люди их обидели, наполняются ядовитым самооправданием и жалостью к себе. Гнев накапливается внутри них, и, в конце концов, их желание сводится к тому, чтобы наказать каждого, кто обидел их, свести счёты. Они действуют так, будто сами они только невинные жертвы, оправдываясь в своих жалобах. Но поскольку они никогда не раскаиваются в своих собственных грехах, их сердца наполнены ложью, яростью, горечью и разрушением. Внутренне они становятся такими же жестокими и несправедливыми, как люди, которые нанесли им обиды.

Когда вы возмущаетесь и восстаёте против другого человека и позволяете ему быть в ваших мыслях в течение длительного времени, то автоматически становитесь на него похожим. Люди, которые восстают против тиранов, имеют склонность становиться ещё худшими тиранами. Люди, восстающие против жестокой силы, стремятся стать ещё более жестокими, чем те, против кого они восстают. Люди, восстающие против жадных, сами бывают поглощены жадностью. Дело в том, что восстающие люди, которые объявляют себя невинными и задаются целью наказать своих обидчиков, это не те люди, которые истинно озабочены справедливостью. Они заинтересованы в том, чтобы быть богами, а не защищать справедливость. Они хотят занять место людей, которые у власти. Борясь, они только переводят страсти своих угнетателей на себя. Это ситуация, когда два человека дерутся на тонущей лодке. Они оба идут ко дну, и несправедливость, против которой и тот и другой боролись, совсем неважна. Мы всегда на тонущей лодке в этой смертной жизни, и всегда будут люди, которые будут несправедливы и будут искушать нас ответить им тем же. Но Бог протягивает нам руку, давая возможность раскаяться, и таким образом быть спасёнными. Выбор представляется достаточно простым, отвратись от несправедливости и искушения дать сдачи и ухватись за это спасение. Вокруг так много несправедливостей, что если мы станет обращать внимание на все, то у нас не останется места для какой-либо духовной жизни. Мы пойдём ко дну в тонущей лодке, без Божьего спасения.

Библия запрещает бороться против несправедливых людей и с кем-либо судиться, и мстить, кому бы то ни было, только по одной причине, чтобы мы просто не стали похожи на наших притеснителей и не дали им возможность увлечь себя вместе с ними на дно. Святой Иоанн Златоуст говорит, что когда мы смотрим на жестоких, гневных, раздражительных, жадных, несправедливых людей, то должны делать всё возможно, чтобы избежать быть такими же. А это значит, ни в коем случае нельзя обвинять их в их проблемах, возмущаться ими, ненавидеть страстно, связываться с ними, но нужно удаляться от них как можно быстрее в противоположном направлении. Мы делаем это путём покаяния и избавления от эгоистических влечений и страстей, которые есть в нашем сердце. Отцы предупреждают нас вновь и вновь никогда не обвинять никого другого за нашу судьбу и никогда не вынашивать гнев или протест против кого-либо.

Если кто-нибудь осыпает нас бранью, раздражает, побуждает к насилию, пытается довести до склоки, храните молчание. Не стыдитесь онеметь. Потому что тот, кто раздражает нас и причиняет нам вред, совершает грех, и он желает нам стать такими, как он.–Св. Амвросий

Если вас преследуют, не преследуйте; если вас распинают, не распинайте; если на вас клевещут, не клевещите.
Искать справедливость от человека не подходит к христианской жизни; в учении Христа нет и намёка на это.–Св. Исаак Сирин

В следующий раз, когда вас обидят, обвинят в чём-то, чего вы не совершали, оскорбят или отвергнут вас, делайте то, чему учил Давид. Молчите и дайте этому свершиться–не оправдывайтесь никоим образом. Затем, когда останетесь наедине с собой, попросите Бога показать ваши собственные страсти и грехи и попросите Его простить и исцелить вас. Вскоре вы осознаете, что Бог защищает от всего, от чего необходимо. Он восстанавливает справедливость своим, совершенным, путём, при одном условии, если вы никогда не обвиняете ни одного другого человека в своих неприятностях. Какое бы зло другие ни сделали вам, собственные страсти и грехи причиняют бесконечно больше вреда каждый день. Так что если вы благоразумны, то в первую очередь начнёте с себя. Вы будете стараться излечить собственные грехи, и не будет волноваться о чьих-то других. И будете каяться в духе ранней Церкви, которая начинала свою вечернюю молитву со слов

> *Помилуй нас, о Господи, помилуй нас; потому что мы грешники, беззащитные, надеемся на тебя, Господи, в этой мольбе. Помилуй нас.—Православный молитвослов.*

Глава 8

Наилучший метод побороть страхи

Приходилось ли вам когда-нибудь одновременно делать выбор из двух возможных событий, которых вы боялись, и выбирать, как говорят, из двух зол наименьше? Например, возможно, вы испугались сказать правду о том, что сказали или сделали, но в то же время не решались солгать, когда некто спросил вас прямо, сказали или сделали ли вы это. Также, вероятно, когда-то было боязно пойти на вечеринку или какую-нибудь встречу с людьми, но ещё больше вас могло смущать то, что они плохо подумают, если вдруг вы не придёте. Или, может быть, вы опасались, что получите сильный удар, когда будете играть в жёсткую игру, но было бы даже невозможно и подумать о том, чтобы не следовать всем остальным, во что бы они ни играли.

Скорее всего, все живые существа знают, что такое два страха одновременно, включая животных. Кошка-мать может быть очень напугана большой собакой, угрожающей её котятам, но намного больше испугана за их жизнь, на защиту которой она может встать и отпугнуть большую собаку. Маленькие птички бросаются на защиту своего гнезда от врагов, которых они боятся до смерти. Когда мы отдыхали на горном озере прошлым летом, то обнаружили, что моя собачка Куки боится плавать на лодке. Она вся дрожала, как осиновый лист, когда мы пытались усадить её в лёгкое каноэ, поэтому мы решили погрести немного вокруг и оставить её на берегу. Но оказалось, что ещё больше она боялась остаться одна, и как только мы отчалили от причала, она с разбега прыгнула в лодку и приземлилась у меня на коленях.

Мы все боимся множества вещей, инстинктивно. До тех пор, пока мы не станем святыми, наших страхи контролируют нас более чем что-либо ещё. Страх—это величайшая природная защита, какая только у нас есть. Страх смерти и разрушения заставляет защищать свою жизнь, поддерживать здоровье, избегать того, что, по нашему мнению, может нам повредить. Когда мы боимся двух вещей одновременно, больший страх властвует над нами, а меньший страх теряет свою силу. Часто людям приходится идти на хирургическую операцию ради того, чтобы спасти свою жизнь. Они боятся операции, но смерти боятся ещё больше. Более сильный страх смерти движет ими и заставляет соглашаться на операцию. Все наши естественные страхи вполне надёжны. По большей части они защищают нашу жизнь и жизни людей, которых мы любим.

Однако существует много неестественных страхов, которые охватывают нас и постоянно атакуют. Они приходят, когда тщеславие, эта болезнь угождения людям, подчиняет нас мнениям других людей. Тщеславие вынуждает им угождать, завоёвывать их одобрение, добиваться их восхищения и лести. И чтобы они ни говорили, тщеславие заставляет подчиняться им, будто они наши тюремные надзиратели, а мы их заключённые. При этом люди, которым мы должны угождать, становятся нашими богами. Библия называет их «идолами» и говорит, что жить для того только, чтобы угождать людям, это идолопоклонство. Идолопоклонство позволяет чему-то или кому-то занимать место Бога в нашей жизни. Каждый, наверно, слышал об обычных материальных идолах, которым поклонялись язычники.

> *А их идолы—серебро и золото, дело рук человеческих.*
> *Есть у них уста, но не говорят; есть у них глаза, но не видят;*
> *Есть у них уши, но не слышат; есть у них ноздри, но не обоняют;*
> *Есть у них руки, но не осязают; есть у них ноги, но не ходят; и они не издают голоса гортанью своею.*
> *Подобны им да будут делающие их и все, надеющиеся на них.—Псалтирь, 113:12-16*

Писание говорит, что люди, имеющие идолов, становятся духовно мёртвыми, ни на что не способными. Они не могут говорить ни о каких своих собственных мыслях, потому что они думают только то, что другие рекомендуют им. Они не увидят и не услышат никаких жизненных фактов сами, потому что они могут смотреть и слушать только своих идолов. Они не могут свободно двигаться, и не будут знать, куда идти, если смогут идти.

Они полностью под властью их идолов, совсем как марионетки, которые не могут двигаться, если кто-нибудь не потянет их за ниточки. Вместо того чтобы получать мотивировку изнутри, они получают её извне, как материальные объекты. Такие люди обычно имеют в качестве идолов безжалостных политических лидеров и слепо копируют всё, что те говорят. Так называемая психология толпы является результатом идолопоклонства и не могла бы существовать, не будь в людях тщеславия.

Когда тщеславные люди собираются вместе, их индивидуальная глупость множится и становится сильнее. И их можно вести, как баранов, и они будут следовать любому направлению мнений друг друга или своего неистового лидера, наполненного диким деспотизмом.—Св. Иоанн Златоуст

Помните золотого тельца, которого сделали люди Моисея и которому они молились, ожидая возвращения Моисея с горы с Божьими заповедями? Поклонение золотому тельцу для нас кажется чем-то очень-очень древним, но интересно, что говорят об этом Святые отцы. Они говорят, что золотой телец живёт в нашем человеческом уме и способен властвовать. Они говорят, что он величайший и опаснейший из идолов, который только может быть у людей. Поэтому те, кто поклонялся ему в Ветхом Завете, были так сурово наказаны смертью, чтобы показать, что когда мы делаем бога посредством деятельности нашего мозга и аналитической силы ума, то всё, что сделано, постепенно потерпит крах, и мы умрём, как люди Моисея в пустыне. Всецелое доверие своему рассудку, быть ведомыми им вместо того, чтобы быть ведомыми Богом называется идолопоклонством.

Для многих людей деньги являются идолом. Они молятся им и делают всё, что в их силах, чтобы получить их больше, чем им нужно. Они не могут жить, не владея всевозможными ненужными вещами. Они служат идолу денег, даже если им приходится быть бесчестными, даже если от них требуется убивать других людей или воевать с другими народами за это, даже если они потеряют всех своих друзей, и собственное здоровье, и свою жизнь в погоне за ними. Телевидение это такой же идол для многих людей, хотя они и не всегда это осознают. Оно диктует им, как они должны себя вести, что думать, как выглядеть и даже какой запах предпочитать.

У каждого из нас, особенно когда мы молоды, есть свои люди-идолы. Но не путайте их с моделью для подражания. Модель для подражания это кто-то, кого мы имитируем из-за любви и восхищения, а не тот, кому подчиняемся из страха и боязни. Родители являются моделью взрослых для нас, когда мы ещё дети. Если в подростковые годы мы промедлим с приходом к Богу, они тоже могут стать для нас идолами. Тогда в любом случае, при хорошем или плохом совете, их мнение и желание будут довлеть над нами. Обычно их желания стремятся быть наилучшими. Но проблема в том, что они ни в коем случае не могут знать нас глубоко, так, как знает Бог, поэтому они просто не способны желать того, что в духовном и психологическом смысле является наилучшим, независимо от того, как сильно они нас любят. Они не имеют ни малейшего понятия о том, к чему нас готовит Бог или к чему Он собирается призвать в жизни. Поэтому, в одно и то же время, ценя их добрые пожелания, нельзя никоим образом позволять им становиться нашими идолами и позволять их желаниям контролировать нас, когда становимся взрослыми.

Человеческие идолы внушают страх настоящему «я», потому что в нём изначально заложено знание о том, что ему нужен Бог. Понимаете, идолы отрезают от Божьей защиты. Они разрушают и парализуют настоящее «я», и делают его безжизненным. Поэтому идолопоклонство вызывает жуткий страх у вашего истинного «я». Когда у вас появляется идол, истинное «я» помещает палец на кнопку паники и посылает сигналы страха во всех направлениях, по всему вашему организму. Страхи, которые выходят на поверхность, могут быть безумными, но сам сигнал очень разумный. Он означает, что вашему кораблю грозит потопление, так же, как лодка апостолов казалась готовой опрокинуться во время шторма, пока Иисус не проснулся и не успокоил волны. И если у вас есть страх, не имеющий основания, или вы чувствуете, что страх мечется по всем направлениям, это значит необходимо, чтобы пришёл Иисус и умиротворил вас. Когда вы просите Его об избавлении от идолопоклонства, Он усмиряет ваши страхи, вызволяя из власти идолов так же, как защитил своих друзей от власти громадных штормовых волн, успокоив их.

Ваш страх идолопоклонства благоразумен и помогает сохранять себя. Но различные страхи, возникающие из-за того, что у вас есть идолы, неразумны. Они работают против вашего счастья и разрушают уверенность в себе. Делают вас трусливыми и нервными в отношении определённых вещей. Если вы боитесь работать над тем, что по-настоящему нравится, потому что кто-то (идол) считает, что оно того не стоит, это неразумный страх. Если боитесь, что вашим родителям не понравится ваша работа, и они не будут вами гордиться, это неразумный страх. Если боитесь, что кто-то узнает о родственнике, которого вы ужасно стыдитесь, это неразумный страх. Если боитесь, что всё будете делать неправильно и потерпите в жизни неудачу, это неразумный страх. Если боитесь сказать, что не хотите заниматься жёсткими видами спорта из-за страха и сложившегося мнения, будто вы маменькин сынок или чудак, это неразумный страх. Если боитесь, что люди поднимут вас на смех или отвергнут, это неразумный страх. Если молодой человек боится поехать в лагерь или навестить друзей вдали от дома, это неразумный страх. Также бывает неразумная боязнь таких безобидных существ, как пауки, змеи, мыши и собаки. И есть неразумные страхи оказаться в определённой ситуации, такие, как страх высоты или темноты. Какими бы неразумными страхи ни были у вас, они все приходят от идолопоклонства—от позволения чему-либо или кому-либо, не обладающему силой защищать вас, стать вашим богом, и оттого, что вы не находитесь близко к Богу и не пользуетесь Его защитой.

Неразумные страхи делают нас нервозными, возбуждёнными, беспокойными, иногда даже истеричными. Писание говорит: «Пусть умножаются скорби у тех, которые текут к *богу* чужому» (Псалтирь, 15:4). Большая часть этих скорбей, неприятностей— неразумный страх и трусость. Когда мы молимся об избавлении от идолопоклонства и от тщеславия, которое его порождает, Бог выводит из нас наши неразумные страхи и восстанавливает страхи здоровые, естественные. Наши естественные страхи спокойны и хорошо отрегулированы, как светофоры. Они показывают нам, когда идти вперёд, а когда поостеречься и остановиться. Вы, несомненно, слышали, как люди говорят: «Страх Господень—начало мудрости». Это значит, что когда мы живём с естественными страхами, которые дал нам Бог, они заставляют принимать мудрые решения в жизни. Мы вынужденно выбираем те пути, которые приведут к Богу, потому что боимся идти в направлениях, которые уведут от Него и Его защиты. Эти естественные страхи, которые Бог даёт нам, настолько сильны, что подавят всякий неразумный страх, который когда-либо был.

Страх не нужно выкорчёвывать; его нужно перевести в правильное русло; и опасения, ошибочные страхи, надо убирать так, чтобы остался только страх Бога. Потому что это единственный законный и истинный страх, он один оказывает такое действие, что ничего больше нельзя бояться.— Лактанций

Страх Божий, о котором говорит Писание, это страх быть отдалённым от Него, что означает потерять Его любовь и защиту, радость от Его дружбы и прекрасную благодатную жизнь, которую мы можем иметь только в Нём, и не найдём больше нигде. Если бы вы были в океане в двадцати милях от суши, с акулами повсюду, то побоялись бы покинуть лодку и начать плыть к берегу? Это лишь небольшое представление о том, что есть страх Божий для людей мудрых и достаточно опытных для того, чтобы знать, как серьёзно мы нуждаемся в Его защите. Бог даёт нам этот страх, чтобы мы пребывали с Ним и не пытались плыть сквозь опасные воды жизни в одиночку.

И дам им одно сердце и один путь, чтобы боялись Меня во все дни жизни, ко благу своему и благу детей своих после них.
И заключу с ними вечный завет, по которому Я не отвращусь от них, чтобы благотворить им, и страх Мой вложу в сердца их, чтобы они не отступали от Меня.—Иеремия, 32:39, 40

Но иногда страх Божий можно получить иным путём. Когда Бог видит, что вы желаете Его всем сердцем, добровольно выбрали Его путь и жаждете Его, тогда, конечно, Он идёт вам навстречу. Приходя к каждому по-разному, Он помогает познать и соединить ваш путь с Ним. Это всё равно как, если бы вы добровольно отдали себя в руки доктору и легли бы в больницу, так как знаете, что серьёзно больны. Далее, с этого момента, всё вокруг будет служить для вашего исцеления, потому что вы по-настоящему хотите исцелиться, даже если вам не нравится вкус лекарств или дискомфорт процедур, которые приходится получать. Это можно сравнить с ситуацией, когда вы посвящаете себя урокам музыки с учителем. Стоит вам официально стать его учеником, как он получает право ругать вас, если вы невнимательно слушаете то, что он говорит, или недостаточно много занимаетесь. Точно также, когда мы посвящаем себя Богу в своём сердце, Он берёт власть над нашей жизнью и поддерживает в верности нашим обязательствам перед Ним, если они на самом деле искренние.

Затем, приходит вторая разновидность здорового страха, когда однажды попросив Бога взять нашу жизнь под Его опёку, мы осознаём, что, любя, Он всегда будет следить за нами, и даже может наказать в некоторых случаях. Поэтому заранее понимаем, что наша жизнь будет лёгкой только при тесной взаимосвязи с Ним. Этот страх делает нас подобными Ионе. Бог прекрасно знал, что Иона любит Его и хочет быть с Ним навсегда. Но Иона, видите ли, страшно боялся пойти и проповедовать в нечестивом городе, на который указал ему Бог. Он был так напуган, что убежал и спрятался на корабле. Бог знал, только из-за своей боязни Иона не смог сделать это, а не потому, что хотел ослушаться Его. Поэтому Он излечил Иону ещё большим страхом—тот едва не утонул в море и чуть не умер в чреве чудовища. После этого Иона стал больше бояться ослушания Бога, чем проповеди в нечестивом городе. И он увидел, что Бог был гораздо сильнее тех нечестивых людей, чтобы защищать его от них. После всего, он совсем не побоялся пойти и проповедовать, как велел Господь. Он вошёл в тот нечестивый город так спокойно, будто это была Святая Церковь, радуясь каждую минуту, что он примирился с Господом.

Тот, кто проникнут страхом Божьим, не боится быть среди злых людей. Имея страх Божий внутри

себя с непобедимым оружием веры, такой человек си-
лён во всём и может делать вещи, которые кажутся
тяжёлыми и невозможными для других.—Св. Симеон
Новый Богослов

Понимаете, к чему ведёт страх Божий? Он делает нас абсолютно свободными от всех неразумных страхов, и нам не нужно
самим с ними бороться или стараться убеждать себя в том, что
они нам не нужны. Если кто-то навязывает что-то, что вам не
нравится, и вы чувствуете боязнь, что придётся делать это, то
всегда помните страх Божий, сильнее которого нет ничего, и
что в результате ваших действий существует возможность потерять Бога и своё истинное «я», и тогда вам будет легко сказать
«нет». Если вы боитесь оказаться отвергнутым людьми за свои
поступки, то понимание того, что ничего нет хуже, чем быть отвергнутым Богом и остаться без него, приведёт к тому, что ваш
страх быть отвергнутым людьми бесследно исчезнет. Как только
вы твёрдо решаетесь держаться Бога и боитесь потерять Его, так
сразу Он защищает вас против тех, кто может угрожать вашему
укреплению в Нём. В это же время, Он даёт дополнительную
энергию для продвижения вперёд и помощь в делах, являющих-
ся наиполезнейшим для вас, поскольку в этом Его желание. Его
незаметная помощь является исключительно надёжной, и вы
поймёте и почувствуете её, когда она к вам придёт. Затем начнёте понимать, что вы настолько в безопасности, что никогда до
этого ничего подобного не испытывали. Вы сможете смотреть на
жизненные опасности и на привычные страхи таким же образом,
как смотрите на опасных диких животных в зоопарке, с большим
рвом между ними и вами.

Господь—свет мой и спасение мое: кого мне бояться?
Господь крепость жизни моей: кого мне страшить-
ся?—Псалтирь, 26:1

Отцы советуют молиться неустанно о познании страха Божьего до тех пор, пока не почувствуете Его в себе, это испаряет каждый неразумный страх, как горячее солнце испаряет капли росы
по утрам. Это приносит потрясающую уверенность в себе и
покой. Избавившись от тщеславия так, что вы прекращаете уго-

ждать людям и решаетесь по-настоящему угождать Богу, с этого момента, даётся здоровый страх Божий и мужество, которое рождается от него. И тогда Бог начинает показывать вам лично, какие дела Он желал бы от вас видеть, потому что Он знает, что вы обладаете и мужеством, и желанием для их исполнения. С этого момента Бог становится намного ближе к вашей жизни.

Святой Павел говорит, если в людях много тщеславия, это значит, что в них отсутствует «естественная любовь». Так происходит из-за неразумного страха. Большую часть времени тщеславные люди испытывают страх перед другими, боятся не произвести на людей впечатления, пугаются, что их будут критиковать или отвергнут, запуганы множеством других условностей. Таким образом, человек, который не освободился от тщеславия и идолопоклонства, слишком напуган, чтобы любить хоть когонибудь. Он думает, что другой человек при любой возможности будет обижать или унижать его. Но, когда людские мнения больше не страшат, и возможно быть по-настоящему самим собой среди людей и чувствовать себя при этом комфортно, достаточно избавившись от тщеславия, то первое, что случится, вы почувствуете, как непринуждённо ваша любовь к окружающим людям будет увеличиваться. Вы будете испытывать к ним всё больше симпатий, и получать от общения с ними больше удовольствия. Не избавившись от тщеславия и не получив той силы характера, которая исходит от здорового страха Божьего, никто не способен по-настоящему полюбить других по простой причине: другие люди будут оставаться для него идолами, способными манипулировать им без участия его воли. Человек обычно боится таких людей-идолов и бессмысленно негодует против них. Но, когда вы получаете страх Божий, наступает конец идолопоклонству и страху перед другими людьми, и это будет самым началом истинной любви.

Страх перед Богом учит и восстанавливает вашу способность к любви.—Св. Климент Александрийский

Благословенный святой Иоанн когда-то писал некоторым христианам точное объяснение, как человек идёт от страха Божия к той совершенной любви, которая есть у настоящих свя-

93

тых, к любви, которую может обрести каждый в своём сердце. Происходит всё просто: страх потерять Бога зовёт к покаянию, а покаяние является тем, что даёт любовь Божью. Таким образом, святой Иоанн заставлял людей задумываться о том, что означает иметь Бога в своей жизни, и как это оборачивается, если жить без Него. Тем самым он добивался, чтобы они беспокоились о своих страстях и грехах, которые удаляют их от Бога. Давая им понять, что есть страх Божий, он как будто бы надевал узду на заблудившегося жеребёнка. В этой узде он вёл их к раскаянию, так же как ведут жеребёнка в безопасное укрытие, где вдоволь еды и воды.

> *Если говорим, что не имеем греха, то обманываем самих себя, и истины нет в нас.*
> *Если исповедуем грехи наши, то Он, будучи верен и праведен, простит нам грехи наши и очистит нас от всякой неправды.—1-е Иоанна, 1:8,9*

Страх остаться без Бога пробуждает желание покаяться, таким образом освободиться от своих грехов и соединиться с Богом Живым для своего восстановления и защиты. Стоит покаяться, мы тут же получаем Божье милосердие, получаем самого Бога в наших сердцах. Это означает, что любовь приходит к нам, потому что «Бог есть любовь, и пребывающий в любви пребывает в Боге, и Бог в нём» (1-е Иоанна, 4:16). В конце концов, когда люди со временем наполняются этой великой Божьей любовью, то есть самим Богом, тогда все страхи пропадают—в том числе и страх перед Богом. С этого времени страх больше не нужен, потому что любовь так сильна, что она целиком контролирует жизнь человека. Так Святой Иоанн говорит об этой прекрасной вещи: «Совершенная любовь сбрасывает страх». Но до тех пор, пока наша любовь несовершенна, нам необходим здоровый страх перед Богом для безопасности. Нет ничего другого, что так чудесно бы защищало, как страх Божий. Но как видите, этот разумный страх не должен пребывать в нас вечно, а только до времени, когда мы наполнимся такой любовью, что наша жизнь и её защита больше не будут зависеть от каких-либо страхов. Но для начала, в настоящий момент мы должны стараться обрести разумный страх Божий через молитву об избавлении от тщеславия и идолопоклонства и держаться за него изо всех сил.

> Покаяние—корабль, страх его рулевой; а любовь есть божественная гавань. Страх ставит нас на борт корабля покаяния, везёт нас через опасное море жизни и приводит в божественную гавань, которая есть любовь. Когда мы достигаем любви, мы достигаем Бога, и наше путешествие окончено, потому что мы пришли к острову другого мира, где живёт Отец, Сын и Святой Дух.—Св. Исаак Сирин

Глава 9

Ваша ценность выше, чем вы думаете

Собственное мнение о своей ценности забавная штука. Это то чувство, без которого человеку всего труднее обойтись. Парадокс состоит в том, что мы верим в свою ценность только тогда, когда начинаем чувствовать её от других. Даже когда в лыжных ботинках или коньках наши пальцы на ногах онемели и мы их не чувствуем, то всё равно знаем, что они существуют. Но когда мы не чувствуем своей ценности, то думаем, её у нас нет вовсе. Знаете, почему? Происходит так потому, что это ощущение своей ценности мы ищем в подтверждениях других людей вместо того, чтобы искать её от Бога, откуда всё исходит для нас. Поэтому, если наши мысли зависят от людского мнения, то мы всегда будем думать, что не представляем никакой ценности для окружающего мира, если окружающие люди ведут себя как будто это на самом деле так!

Но независимо ни от какого мнения, для Бога каждый из нас бесконечно важен и ценен. Бог всегда рядом, наблюдает и заботится обо всём, о каждом нашем дыхании, обо всём, что мы говорим и делаем. Абсолютно невозможно стать более или менее ценным, чем такими, какими мы уже созданы Богом. Ни один человек не может ничего прибавить или отнять от нашей ценности или важности, независимо от того, как он относится к нам. Для Господа мы всегда важны и бесценны, в любом виде: преуспевающие или неудачливые, принимаемые другими или отвергнутые, святые или преступники. Только по одной причине мы все и каждый в отдельности важны и бесценны, потому что так установлено Богом. Вся Библия свидетельствует о том, как важен и ценен для Бога каждый человек.

Слышали ли вы когда-нибудь слово «излишний»? Это значит, что что-то делается сверх меры и оттого получается грубо или нелепо, абсурдно. Если вы поместите ещё один рот себе на лицо или добавите ещё одну пару глаз, то это будет излишним. Так и ваше старание выглядеть важным тоже будет излишним, подобно добавлению чего-то нелепого и абсурдного к тому, что вы уже имеете в достаточном количестве. Без сомнения, вы уже имеете ценность от Бога, и будет лучше всего, если не будете пытаться добавлять что-то к тому, что есть. Как бы вы не старались выглядеть преувеличенно ценными, все ваши старания в этом направлении, как духовные, так и психологические, приводят к тому, что вы только уменьшаете ту естественную природную ценность, которой уже обладаете. Если вы будете молиться, то осознаете это и будете рады той великой ценности, которая дана вам Богом. Вы никогда не захотите иметь другую ценность, ни от каких людей.

Желание быть принятыми, понятыми другими людьми является естественным и здоровым. Нельзя его путать с желанием быть ценным. Вы живёте среди людей и должны взаимно общаться с другими людьми. Но вряд ли люди захотят общаться с вами, если вы будете пытаться изображать себя излишне ценным, или, по крайней мере, ваше общение будет для них не приятным. Люди, которые придают себе дополнительную ценность помимо данной от Бога, полны тщеславия, которое делает их втайне завистливыми, и жестокими, и горькими, худшим видом друзей. Они объединяются друг с другом в своих социальных и интеллектуальных группах, и если вы захотите добавить что-то излишнее к той ценности, которая у вас уже есть от Бога, определённо, вам придётся примкнуть к ним. Но вся эта жизнь как будто подделка под настоящую. И если вы искренний человек, то вам она не понравится. Люди, которые используют друг друга только для того, чтобы поддержать своё тщеславие и сознание собственной ценности, через некоторое время становятся скучны, потому что они слишком сконцентрированы на себе, и поверхностны, и неискренни. Намного лучше избегать таких компаний и позволить Богу позаботиться о том, насколько вы ценны.

Старайтесь молиться об избавлении от сильного человеческого пристрастия выглядеть ценными в той излишней, уродливой форме (а это может потребовать долгой молитвы), тогда Бог начнёт показывать, как вы ценны и дороги Ему, и Он сильно укрепит вашу веру в Него. Когда вы перестанете пытаться выглядеть ценными в глазах людей, в ответ обнаружите то, как вы чрезвычайно ценны для Бога. Святые люди никогда не пытаются и не желают быть более ценными, чем другие. В Библии сказано, что такие люди, выполняя работу, данную им Богом, уподобляются частям вашего тела: вашим рукам, и ногам, и глазам, и всему остальному. Части вашего тела должны быть вместе, должны работать сообща и помогать друг другу. Если вы действуете так, как Бог велит вам в Его Теле, то получите надёжное чувство ценности среди Его людей и будете, в действительности, одним из них. Вы будете необходимы для них, а они будут необходимы вам—совсем как ваши руки, и ноги, и глаза необходимы вашему организму и друг другу.

Но Бог расположил члены, каждый в составе тела, как Ему было угодно.

А если бы все были один член, то где было бы тело?

Но теперь членов много, а тело одно.

Не может глаз сказать руке: « ты мне не надобна»; или также голова ногам: «вы мне не нужны».

Напротив, члены тела, которые кажутся слабейшими, гораздо нужнее,

И которые нам кажутся менее благородными в теле, о тех более прилагаем попечения;

И неблагообразные наши более благовидно покрываются, а благообразные наши не имеют в том нужды.

Но Бог соразмерил тело, внушив о менее совершенном большее попечение,

Дабы не было разделения в теле, а все члены одинаково заботились друг о друге.

Посему, страдает ли один член—страдают с ним все члены; славится ли один член—с ним радуются все члены.

И вы—тело Христово, а порознь—члены.—1-е Коринфянам, 12:18-27

Люди, которые не послушны Богу, всегда сомневаются в своей ценности и из-за этого никогда не способны отказаться от пристрастия преувеличивать свою ценность всякими излишними, бесполезными путями. Не беспокойтесь, если Божья воля вам недостаточно ясна. Вы что-то вроде составной картинки-загадки, и нужна молитва и время, пока Бог не сложит все фрагменты вместе специально для вас, чтобы вы были способны увидеть цельную картину вашего предназначения на земле. Возможно, у вас есть очевидный талант к музыке, или изобразительному искусству, или науке, но сам по себе он ничего не значит. У многих людей есть подобные дарования, и они используют их только для того, чтобы пытаться выглядеть излишне ценными. Среди христиан считается, что только те природные способности могут стать реально ценными, которые вы можете развивать и реализовывать в полном послушании Богу. И только тот естественный дар, который благодатно взращивается с помощью Бога, в конце концов, может быть важным и значительным, даже если изначально казался невыразительным. Величие всегда присутствует только там, где есть послушание Богу, поэтому всякий талант, полученный вами, станет большим, если вы будете делать то, что Бог персонально велит вам делать. Святые, которые впоследствии передавали бесценные советы окружающим их людям (и всем нам), начинали с простого послушания Богу.

Мал я и презрен, но повелений Твоих не забываю.— Псалтирь, 118:141

В результате вашей твёрдой решимости повиноваться Ему, Бог как бы начинает проявляться через вас, что становится открытым примером для других людей. Поступая так, вы становитесь частью тела Христова и полностью входите в круг Его друзей, благотворных для ваших интересов и вашей личности. Любой, кто совершает поступки через повиновение Богу, а не от желания увеличить свою ценность, получает круг друзей, общением с которыми может наслаждаться, и кому может доверять, и кого может любить. Ведь мы все связаны друг с другом верой и радостью, и нерушимой любовью к Богу и друг другу.

Как хорошо и как приятно жить братьям вместе!
Это—как драгоценный елей на голове, стекающий на
бороду, бороду Ааронову, стекающий на края одежды
его;

Как роса Ермонская, сходящая на горы Сионские, ибо там заповедал Господь благословение и жизнь на веки.—Псалтирь, 132:1,2,3

Многие люди выглядят так, как будто они не стараются казаться излишне ценными вовсе. Но определить точно, старается ли человек быть излишне ценными или нет, можно только наблюдая за тем, что происходит, когда он не получает исполнения своего желания после многократных попыток. Если он реально не пытается показать себя излишне ценным, он не будет возражать, если что-то получается не по его воле. Но если он тайно пытается ощущать себя излишне ценным, он будет страшно расстроен, сильно разгневан или обижен, не сумев осуществить задуманное по-своему. Желание сделать по-своему—это классический симптом попытки преувеличить свою ценность. И желание сделать по-своему, подобно избалованному ребёнку, это страсть, довольно глубоко заложенная во всех нас.

С некоторой точки зрения, кажется, что это не по-мужски не заставить считаться с собой. И можно подумать, что это хорошо, отстаивать себя, и требовать исполнения своих прав, и идти своим путём. Но это не так. Всё, что мы задумываем и желаем делать по-своему, не принимая в расчёт волю Божью, независимо от того, как благородно, или прекрасно, или справедливо это может звучать, бесконечно вредно для нас, потому что не даёт нам воссоединиться с совершенной волей Божьей. Мы ни в коем случае не можем следовать своей воле и Божьей воле одновременно, это даже хуже, чем следовать африканским правилам, когда добываете жемчуг в Японии. Если вы действительно верите в отстаивании своей воли и требование своих прав, Бог в таких случаях будет вам не помощник. Нет ни одного отца во всем Христианстве, который скажет по-другому. Отцы говорят, что делать чудеса, побеждать целые армии и народы, даже воскресать мёртвых, не может сравниться с мужеством и святостью человека, который победил собственное мнение о своей излишней ценности и своеволие.

Убежим же от своеволия, как от смертельного яда.— Св. Исихий

*Наша воля—это медная стена между нами и Богом.—
Св. Авва Пимен*

Тот, кто желает убить собственную волю, должен исполнять волю Божью, вместо своей собственной воли, знакомить себя с волей Божьей, прививать и взращивать её в своём сердце.—Св. Симеон Новый Богослов

Та душа совершенна, чья желающая сила полностью направлена к Богу.—Св. Максим Исповедник

Нельзя победить страсть своеволия одним решением измениться, при помощи только собственной силы воли. Дело в том, что в человеке нет единой воли. В нём содержится две воли. Одна высшая, разумная воля. Она хочет Бога и всего хорошего. Другая—низшая воля, иногда отцы называют её неразумной чувственной волей. Святой Павел сказал, что у него есть одна воля, которая восторгается Божьими заповедями, но другая, что пытается ввергнуть его во грех (Римлянам, 7:21-23). Чем больше времени вы уделяете молитве, тем более высшая воля преобладает и ведёт к Божьей совершенной воле. Но когда вы не слишком много молитесь, низшая воля одерживает верх. Она хочет только плохого для вас и ничего хорошего. Она зовётся неразумной (или иррациональной), потому что не содержит власти рассуждений. Она просто «хочет». Всё, что она делает, это хочет, хочет, хочет без каких-либо рассуждений. Когда что-то выглядит красиво, она хочет этого, можете ли вы себе это позволить или нет. Когда что-то приятно на вкус или наощупь, она хочет того, даже если это яд для вашего организма. Когда захватывающая идея витает рядом, она хочет её исполнения, даже если это идея от дьявола.

Две воли, существующие в нас, воюют друг с другом. Одна принадлежит разумной части нашей души и, таким образом, называется умной, или высшей, волей; другая принадлежит чувственной части и, таким образом, зовётся глупой, плотской, страстной волей. Высшая воля всегда желает только хорошего; низшая же не желает ничего кроме плохого.—Невидимая брань

Если эта неразумная чувственная воля не ограничена мудрым обучением, данным вам в детстве, и молитвой, когда вы старше, она постепенно заставляет хотеть добиваться своего во всём, даже в мельчайших деталях. Жизнь такова, что приходится сталкиваться с некоторым сопротивлением, когда хотите, чтобы всё было по-своему. Поэтому неразумная чувственная воля вплёскивает ту дополнительную энергию, которая необходима для борьбы с любым сопротивлением. Если вы внезапно столкнулись с отчаянной необходимостью что-то срочно делать, например, вам пришлось спасать жизнь ребёнка или бороться с диким животным, внутри вас происходит выброс адреналина, что даёт необычную силу, которая проявляется в экстремальных ситуациях. Отцы говорят, что точно также происходит в людях, которые следуют своей неразумной чувственной воле. Добиться своего становится для них настолько настоятельной необходимостью, что каждое малейшее желание превращается в необходимость срочного его выполнения. Простое желание получить свитер, или сходить в кино, или просмотреть любимую телевизионную программу, становится такой жизненно важной целью для них, что они выбрасывают столько внутренней энергии для её достижения, как будто собирались спасать младенца из горящего дома или удирать от медведя гризли.

Такое постоянное частое возбуждение, как утверждают отцы, в реальности оказывает необратимое влияние на мозг человека и его кровь. Под этим влиянием люди делаются неспособными ясно мыслить или контролировать себя, даже когда они очень этого хотят. Это может закончиться тем, что отцы называют «неистовством» и что нынче зовётся безумием. Так что, желание делать все по-своему—небезобидная привычка. Даже если непосредственно не доведёт до безумия, то определённо приблизит к душевному дисбалансу.

В словах некоего мудреца это неистовство исходит из страсти тщеславия, которая оказывает воздействие на определённую часть ума и нарушает его работу.—Св. Нил Синайский

Этот дух (тщеславия и своеволия) охватывает сосуды, в которых обитает сила души. Это ошеломляет душу грязнейшей темнотой и вмешивается в её разумные силы—так же, как это случается от вина, или лихорадки, или сильной простуды и от других недомоганий.—Св. Иоанн Кассиан.

Желание делать всё по-своему также является главной причиной гнева и раздражительности. Если вы не беспокоитесь о том, чтобы всё было сделано по-своему, то исчезает целый ряд проблем, на которые больше не нужно злиться. Причиной частого гнева и раздражительности, скорее всего, является то, что вам не удаётся сделать много по-своему для того, чтобы удовлетворить неразумную чувственную волю. И если вы страстно хотите, чтобы что-то получилось только по-вашему, и становитесь злым, когда не всё выходит, это означает—вы пытаетесь сделаться излишне ценным и не удовлетворены ценностью, данной вам Богом. Ведь, если вы жаждете добиться того, чтобы всё было сделано по-вашему, то таким путём, самоутверждаетесь в чувстве собственной ценности. Так что, если вы много сердитесь (если только не находитесь в ситуации, которая угрожает вашей духовной безопасности и не нуждаетесь в том, чтобы выйти из неё с помощью посторонней силы или гнева), это значит, что, скорее всего, вы желаете чувствовать собственную важность и добиваться того, чтобы всё было по-вашему более, нежели хотите повиноваться Богу.

Люди, полные решимости сделать всё по-своему, выглядят энергичными и умными, особенно в свои ранние годы. Но древние христиане говорят, что желание делать всё по-своему всякий раз ведёт к полной растрате своей энергии и, в конце концов, не остаётся сил для продолжения чего-либо. Они говорят, что желание делать всё по-своему приводит к хронической усталости и со временем приводит к желанию бросить работу и всё время лежать, хотя некоторые люди продолжают заставлять себя и не поддаются этому настоятельному требованию отдыха, пребывая в страшном напряжении. Один святой говорит, что энергия человека подобна мощному текущему потоку. Когда ваша неразумная чувственная воля властвует над вами, заставляя хотеть всего, что вы видите, она расплёскивает поток вашей энергии по всей плоской, широкой земле. Мелкая вода (ваша рассеянная энергия) впитывается в землю и исчезает. Ваша высшая, умная воля, с другой стороны, сводит поток вашей энергии к тому, что Библия называет узким путём (повиновения Богу)—направляет её между высоких берегов дисциплины, которая удерживает её от рассеяния, сохраняя быстрое течение и, в конце сводит её к льющемуся водопаду, который даёт настоящую силу. Вот почему отцы говорят, что те люди, которые терпеливо ждут от Бога совета в своих делах, и затем повинуются им, никогда легко не выбиваются из сил и не теряют свою природную энергию.

> *А надеющиеся на Господа обновятся в силе: поднимут крылья, как орлы, потекут—и не устанут, пойдут—и не утомятся.—Исайя, 40:31*

Крайнее тщеславие в сочетании со своеволием, его постоянным партнёром, порождает людей-лицемеров, обладающих фантастической силой воли и почти полностью подавляющих в себе своё природное естество, чтобы выглядеть наилучшим образом. Но когда тщеславия недостаточно для того, чтобы быть преуспевающим человеком, тогда вступает в активное действие своеволие со своими специфическими укрытиями и защитами, такими, как курение, пьянство и другими разрушительными силами. В жизни мы говорим, что у таких людей нет силы воли, когда действительная проблема состоит в том, что у них чересчур много собственной воли, так много, что они не могут отказаться от неё и позволить действовать Божьей воле. Человек, думающий, что у него слабая сила воли, нуждается в искренней молитве, чтобы избавиться от тщеславия и своеволия. Только после этого произойдёт восстановление его естественных сил для послушания Богу и способности говорить «нет» саморазрушению.

Хорошо известно, как тяжело преодолеть желание делать по-своему везде и во всём. Вырастая, мы почти постоянно получаем то, что хотим, поэтому начинаем предполагать, так должно быть всегда. Буквально каждый, кого вы видите вокруг себя, находится в постоянной борьбе за это. Из-за болезни, которую унаследовало наше общество, мы полагаем, что происходит что-то чрезвычайное, когда не можем действовать по-своему. И если мы не будем предпринимать ничего по поводу своего своеволия, наши природные силы быстро иссякнут, не говоря уже о потере природных талантов и наших настоящих «я», и самой нашей человеческой сущности, что происходят от серьёзного отдаления от Бога. Так что мы можем сделать? Просите Бога избавить себя от тщеславия и, особенно от опасности попасть в замкнутый круг из желаний преувеличивать собственную ценность, когда мы и так от Бога уже ценны. Бог исполнит ваше прошение. И сразу, как только это свершится, вы естественно освободитесь от желания делать всё по-своему, как было прежде, потому что у вас не будет мотивов всем командовать и впечатлять других, показывая свою ценность. После первых шагов намеренного нежелания делать по-своему (потому что вы будете заинтересованы в исполнении Божьей воли вместо этого), вы неожиданно почувствуете себя счастливым, ощущая самоконтроль. Обычно многие склонны думать, что самоконтроль неприятен. Однако правда заключается в том, что вы никогда не можете достичь удовлетворённости и счастья без него—нет никаких шансов для других путей. Когда вы вкусите плоды ваших усилий, то поймёте, что желание делать всё по-своему было бесполезно и печально, тогда как повиновение Богу прекрасно и даёт уверенность в себе. И тогда вы осознанно будете продолжать просить Бога избавить от желаний делать по-своему. И вы серьёзно будете стремиться к этому.

Когда вы молитесь, чтобы освободиться от желаний делать по-своему, помните, что делаете этого для того, чтобы Бог, а не кто-нибудь другой, мог руководить вами. По мере того, как будете продвигаться в преодолении тщеславия и своеволия, люди, которые хотят воздействовать на вас и использовать, совсем не будут думать, что вы стали менее своевольным. Они будут говорить, что вы становитесь более своевольным и упрямым, чем когда-либо. Вам нельзя быть наивным в отношении с ними. Большинство людей не хотят, чтобы вы повиновались Богу. Они хотят, чтобы вы повиновались им. Им весьма нравится ваша неразумная чувственная воля, потому что они могут ей угождать и таким образом держать вас в своём повиновении. Поэтому, когда вы молитесь об освобождении от неразумной чувственной воли, молитесь также о полном повиновении Божьей воле и ничьей другой. И не беспокойтесь о тех, кто не доволен по этому поводу.

На этой главе мы заканчиваем тему тщеславия. Молитва избавляет от тщеславия всех, кто просит об этом. Отцы говорят, что все страсти преодолеваются двумя оружиями, Святым Духом и именем Иисуса. Так что используйте имя Иисуса, когда молитесь, и Святой Дух изгонит те страсти, о которых мы говорили. Вот те основные симптомы тщеславия, о которых следует особенно молиться и исповедоваться, если определите их в себе. Склонность демонстрировать себя и желать людского восхищения, добиваться людской похвалы. Слабость к лести, когда льстят вам или когда льстите вы. Зависть, ревность и сплетни. Попытки выглядеть лучше, чем вы есть (стремление к фальшивому образу себя). Обвинение другого человека в чём-то, что случилось с вами. Высокая чувствительность к критике или подозрение, что другие слишком критичны к вам, когда у вас нет никаких доказательств этого. Думать, что вы не грешник и ни в чём не виноваты. Чувствовать себя добродетельным, или благородным, или невинной жертвой. Горечь. Попытки выглядеть или вести себя с осознанием собственной ценности. Чувство непонимания, как ценны вы для Бога. Желание, чтобы всё происходило по-вашему во множестве мелочей. Борьба за то, чтобы было по-вашему во всём, что не является явно Божьей волей в отношении вас. Неразумный страх людей, вещей или определённых ситуаций, трусость любого сорта. Чувство, что вы находитесь под контролем других людей, и это мешает быть собой. Намерение использовать других людей для своих собственных целей. Разрешение чему-то или кому-то оказывать на вас влияние больше, чем Бог. Частое чувство гнева, раздражительности, усталости или неспособности продолжать дело, потому что вам не удалось добиться того, что вы хотели. Неспособность чувствовать сильную привязанность или любовь к кому-либо. Неспособность верить в Бога (потому что сказано: «Как можете вы верить, когда ищете славы друг у друга?»). Неспособность вовремя увидеть Божью волю в отношении вас. Неспособность действовать в расслабленном, естественном состоянии, иметь хорошее настроение, веселиться и наслаждаться жизнью.

Отчасти освободившись от тщеславия и сопутствующим ему вещей, вашим вознаграждением за труды будут тёплые человеческие отношения, которые возникают с возрастанием веры, любви и глубокой уверенности в Господе. Только после этого придёт ясное понимание, кем являются другие люди, и каковы они. Но сохраняя в себе тщеславие, вы не видите людей такими, какие они есть. Вы воспринимаете их только с точки зрения того, что они сделали или могут сделать для вас. До тех пор, пока вы используете людей, чтобы они вами восхищались и восхваляли, пока позволяете им быть вашими идолами и контролировать вас, пока используете их обиды для оправдания вашего собственного греха и для того, чтобы выглядеть невинными, пока зависимы от них в чувстве собственной ценности или используете их, чтобы добиться того, чего хотите, до тех пор вы никогда в реальности не будете знать многого о них. Они будут казаться более или менее похожи на орудия для достижения какой-то цели.

Когда Бог освободит вас от тщеславия в достаточной мере, тогда вы станете способны видеть других людей вокруг себя и ясно узнавать, кто они. И другой человек не будет больше казаться чем-то вроде инструмента, который можно использовать, или, наоборот, того индивидуума, кто может использовать вас в таком же качестве. Вы будете видеть личность в другом человеке, настолько же реальную и индивидуальную, как и вы сами. И тут же спонтанно и естественно возникнет чувство родства с ним. Тогда-то вы легко сможете ответить на вопрос, помещенный в название этой книги, кто мы? Вы сможете сказать: «Я—это я, и ты—это ты» и понять, действительно, глубоко, что говорите о двух равно важных, отдельных человека, с одинаковыми основными страстями в них, которые оба крайне нуждаются в спасении Господом, и равновелико имеют потребность в любви другого человека.

Потому что ничего из того, что даровано разумом и суждением, не было создано и не создаётся для использования другим, будь оно больше или меньше, но ради жизни и продолжения рода оно создано.—Афинагор

Он создал всех равными и умер ради всех, чтобы спасти всех в равной степени.—Св. Каллист

Глава 10

Бог никогда не закроет двери для вас

Вот мы подошли и к третьей основной нашей страсти—возможно, наиболее часто заставляющей обращаться людей за помощью к Богу. Это страсть черезмерной любви к себе, или себялюбие. Именно эта страсть приводит многих людей к алкоголизму, наркомании и другим подтачивающим здоровье привычкам, превращая их в своих жертв, неспособных нормально функционировать физически. Отцы говорят, что страсть любви к себе—это неразумная любовь к своему телу, черезмерная привязанность к плоти, которая мешает духовной, психологиеской и физической жизни. Святые отцы также считают, что каждый христианин нуждается в том, чтобы быть хорошим атлетом, чтобы мы могли «с терпением... проходить предлежащее нам поприще» (К Евреям, 12:1). Нельзя быть хорошим атлетом без упорных тренировок. Если вы пичкаете себя нездоровой едой, душите свои лёгкие сигаретным дымом или топите свою силу в спиртном, то определённо не завоюете никаких медалей. И если не будете регулярно тренироваться, иногда даже при неблагоприятных условиях, то не продвинетесь слишком далеко в своих достижениях.

В христианской жизни для того, чтобы держать себя в форме, требуется аналогичный самоконтроль, как в спорте. Если вы позволяете себе слишком много телесных удовольствий просто ради тех чувств, которые получаете, а не потому, что они необходимы здоровью и нормальному удовольствию в жизни, то духовно потеряете форму и будете неспособны сохранить действие Божьего Святого Духа в себе. Вы будете неспособны творить молитву (что есть «тренировка») с хоть каким-то интересом или регулярностью.

Затем вы потеряете контакт с великим Тренером, который является единственным Источником энергии, и начнёте иссякать духовно и физически, скатываясь по наклонной плоскости. И будете проигрывать те духовные состязания, в которые могли бы выигрывать, если бы продолжали тренироваться.

Христианин должен следовать тем удовольствиям, которые как естественны, так и необходимы. Удовольствия, которые считаются здоровыми, это те, что не связаны с болью и не дают повода для раскаяния, и не причиняют никакого другого вреда, и держат нас в границах умеренности, и не отвлекают нас от серьёзных занятий, и не делают из нас рабов.—Св. Иоанн Дамаскин

Там, в пустыне, дьявол решился искусить Иисуса самыми главными тремя человеческими страстями, которые были в Адаме и Еве, а также есть во всех нас: гордыней, тщеславием и третьим, чрезмерной любви к себе или себялюбием. После того, как Иисус постился сорок дней, дьявол подошёл к Нему и сказал: «Если Ты Сын Божий, скажи, чтобы камни сии сделались хлебами» (Матфей, 4:3). Иисус же сказал ему в ответ, что Писание учит нас жить не хлебом одним, но всяким словом, исходящим из уст Божиих. Можете ли вы себе представить, что вы голодаете сорок дней и всё равно не поддаётесь голоду своего тела? Но Иисус питался Божьим словом. Он был способен жить волей Своего Отца, Он даже называл это пищей. Он сказал, что пища, которая питала Его, это было желание исполнять волю Отца Его.

Когда человек свободен от страсти любви к себе, как Иисус, он свободен от любого влияния со стороны мира, от дьявола или кого-либо ещё, кто пытается заставить его исполнять чужую волю. Если вы избегаете излишнего угождения своим желаниям, то наградой будет чудесная свобода делать всё возможное, что угодно Богу. Великие духовные переживания приходит только к тем людям, которые становятся хорошими атлетами для Бога и могут мириться с неудобствами, когда необходимо, чтобы оставаться близко к Богу. Так святые люди настолько независимы от страсти любви к себе, что всегда уверены в своей верности следовать за Богом, независимо ни от чего, включая любые неблагоприятные последствия, которые могли бы случиться в результате их преданности.

Кто отлучит нас от любви Божией: скорбь, или теснота, или гонение, или голод, или нагота, или опасность, или меч? как написано:
«За Тебя умерщвляют нас всякий день, считают нас за овец, обреченных на заклание».
Но все сие преодолеваем силою Возлюбившего нас.
Ибо я уверен, что ни смерть, ни жизнь, ни Ангелы, ни Начала, ни Силы, ни настоящее, ни будущее,
Ни высота, ни глубина, ни другая какая тварь не может отлучить нас от любви Божией во Христе Иисусе, Господе нашем.—К Римлянам, 8:35-39

Люди, которые не преисполнились Духа Божьего и не пытались противостоять страсти любви к себе, почти полностью контролируемы своими телесными нуждами и удовольствиями (я говорю почти, потому что они вдобавок контролируемы другими страстями, в том числе и дьяволом до некоторой степени). Большинство из них озабочено только тем, чтобы избегать голода, жажды, болезней и боли. Так что без Бога мы сродни животным, потому что в этом случае единственной настоящей целью для нас в жизни становится получение комфорта и избежание боли. Но когда Бог входит в нашу жизнь, мы понимаем, что такая жизнь в некотором роде бессмысленна для настоящего человека.

Свобода от боли не может быть достойной целью для человека, потому что это будет роднить его с животным, что крайне лишено смысла и разума.—Афинагор

Чем более христиане возрастают в Божьем Духе, тем более они становятся способными выдерживать стресс любой силы, как физический, так и духовный. Постепенно для них такие беспокойства, как получение комфорта и избежание боли, которые присущи в равной мере всем животным, уходят на второй план. В конечном итоге, поставив духовные, Божественные, ценности на первое место в своих приоритетах, они больше не боятся ни тюрьмы, ни пыток, ни смерти. Они неподвластны никому из людей. Каждый момент своей жизни они живут согласно воле Божьей. Никто не может поколебать их любовь, или их веру, или их глубокую радость, и всё то, что для них важно в жизни с Богом. Святые на своём пути к мученичеству восхваляли и благодарили Господа и испытывали добрую волю по отношению к своим убийцам. Когда блаженному епископу Поликарпу (будучи маленьким мальчиком, он знал Святого Иоанна Евангелиста, который оказал на него сильное влияние) угрожали тем, что бросят его ко львам, он ответил: «Тогда позовите их, потому что для меня это благо перейти от смертности к вечной жизни с Богом».

Мы наблюдаем подобное поразительное мученичество только тогда, когда люди живут в Боге настолько всецело и постоянно, что, в конце концов, они становятся независимы от комфорта и боли, происходящих от окружающего мира. От природы мы все таковы, что не может принять дискомфорт и боль до тех пор, пока не убедимся в том, что в результате получим взамен что-то превосходящее. Святой отец Исаак Сирин говорил: «Никто не может выдержать испытания, если он не убеждён в том, что страдания его могут привести к чему-то стоящему более, чем телесный комфорт». Для многих атлетов желание выиграть игру преобладает над телесным комфортом. Так и мы, когда нуждаемся в чём-то или хотим чего-то достаточно сильно, можем преодолеть и выдержать дискомфорт для достижения желаемого. Люди, желающие жить с Богом, тоже имеют склонность преодолевать любую боль или материальные лишения для того, чтобы всегда пребывать с Ним. Они не чувствуют боли и потери комфорта в той степени, в которой их ощущают другие. Освобождение от страсти любви к себе делает их поистине подобными Иисусу—мёртвыми для телесного комфорта, но живыми для всесильного и вечного Бога.

Когда у вас много себялюбия, вы как бы живёте в царстве Плоти. Если его нет, то пребываете в царстве Духа. В какой-бы стране человек ни жил, окружающий ландшафт становится привычным, и он приспосабливается к его климату. Если вы живёте в Калифорнии, ваш зимний гардероб будет совсем не таким, как зимний гардероб людей, живущих в Аляске. И если вы живёте в Англии, ваша еда не очень будет похожа на еду, которую вы бы ели, если бы жили в Мексике. Одежда, еда, обычаи и занятия сильно зависят от места проживания.

Так вот, когда мы живём в царстве Плоти, то ощущаем окружающий мир только как полностью физический и материальный. Нам хорошо известно, что материальные вещи постепенно разрушаются или разлагаются. С таким мироощущением мы проживаем свою жизнь так, как будто нет никакого духовного спасения впереди, независимо от того, насколько верим в духовную жизнь и жизнь после смерти. Так происходит потому, что пребывая в царстве Плоти, где всё сгнивает, и мы просто не верим до конца, что не сгниём так же, вместе с тем, что нас окружает. Так люди, которые слишком преисполнены любовью к себе, окружены слишком большим количеством материальных забот и стремлениями к удовлетворению своих желаний, не способны никогда глубоко и искренне поверить в то, что они созданы для жизни вечной. Они будут пытаться в это поверить время от времени, но они не могут утвердиться в вере. Они никогда не видели царство Духа и не могут себе представить, каково оно или даже быть уверенными в его существовании. Из-за этой неуверенности такие люди теряют надежду и лишаются естественного оптимизма в отношении жизни, который должен быть нормой для любого человека. Такие люди часто вынуждены взывать к своему телесному энтузиазму, искать физические стимулы, чтобы заменить эту естественную надежду, которую они потеряли.

И напротив, для людей, живущих в царстве Духа, невозможно даже представить, что наша жизнь есть итоговый конец всего, в той же мере, как для людей царства Плоти помыслить о существовании вечной жизни, как о конечном смысле происходящего. Те, кто пребывают в царстве Духа, ясно понимают, что материальные вещи распадутся, но духовные—нет. Мы не способны видеть вечную жизнь с её обширным духовным ландшафтом до тех пор, пока не переселимся из царства Плоти в царство Духа. Совершив этот переход при помощи желания и молитвы, мы быстро осознаём, насколько более естественной является духовная жизнь. Мы понимаем, что были рождены, чтобы вечно жить с Богом.

В Библии сказано, что нельзя потакать похотям плоти, потому что Бог знает, как сложно в этом случае будет разглядеть истинную правду о жизни. Когда люди в царстве Плоти оглядываются вокруг себя, они не видят ничего, кроме смерти. Но когда люди в царстве Духа смотрят вокруг, они видят только жизнь—никто никогда не умирает в царстве Духа. При очень неправильном поверхностном рассмотрении, кажется глупостью обсуждать, являются ли определённые мелкие, незначительные физические поблажки себе пагубными—такие, как например, интересоваться, может ли повредить нам небольшое количество марихуаны, или может ли регулярное курение и небольшой кутеж с выпивкой иметь большое значение. Но с каждым физическим удовлетворением своих слабостей, которые добавляются в наш багаж, особенно которые служат главным образом для успокоения нервов или для поднятия настроения, мы ещё больше укореняемся в царстве Плоти, где нет жизни, нет Царствия Небесного, нет надежды на Бога.

> *Чтобы оправдание закона исполнилось в нас, живущих не по плоти, но по духу.*
> *Ибо живущие по плоти о плотском помышляют, а живущие по духу— о духовном.*
> *Помышления плотские суть смерть, а помышления духовные—жизнь и мир,*
> *Потому что плотские помышления суть вражда против Бога; ибо закону Божию не покоряются, да и не могут.*
> *Посему живущие по плоти Богу угодить не могут.*
> *Но вы не по плоти живете, а по духу, если только Дух Божий живет в вас. Если же кто Духа Христова не имеет, тот и не Его.—К Римлянам, 8:4-9*

Бог дал нам возможность через Животворящий Крест выйти из царства Плоти и войти в Дух, потому что Он ценит человеческую природу превыше всего остального. Он сделал так, чтобы человек мог пребывать с Ним в Его святости, и Он пожертвовал жизнью Своего Сына Единородного, чтобы спасти нас от смерти и тления. Так, как Он любит нас, мы должны любить себя и друг друга. Это приводит нас к такой любви к себе, которая не является страстью. Бог даёт каждому из нас сильную, естественную любовь к себе. Эта любовь к себе заставляет нас желать жизни.

Она заставляет нас желать Бога, потому что Он тот, Кто даёт и тот, Кто искупает нашу жизнь. Она заставляет нас жаждать Бога, так, что где бы ещё мы ни искали счастья, мы всегда будем неудовлетворенны и беспокойны, пока не найдём его в Боге.

> *Каждое человеческое желание, каждое начинание, каждое действие имеют своею целью удовлетворение любви человека к себе, поисков человеческого счастья. Но человеческий дух не удовлетворяется ничем, что принадлежит рассудку, и прирождённая любовь к себе никогда не прекращает своих побудительных толчков. Чем меньше естественный человек преуспевает в достижении счастья и чем больше он к этому стремится, тем больше его тоска растёт и тем больше он находит выход в молитве. Он идёт с прошением о своих желаниях к Причине всего сущего.*
>
> *Итак, эта врождённая любовь к себе, главный элемент в жизни, является глубоким стимулом для молитвы в простом человеке. Мудрейший Творец всех вещей дал природе человека способность любви к себе именно как "соблазна", который взывает павшее человеческое существо вверх, к прикосновению божественных вещей.—Путь Странника*

Если у вас отсутствует любовь к себе, то молитесь об избавлении от тщеславия. Тщеславие является основной причиной всякой неспособности любить, включая неспособность любить себя. Когда вы начнёте любить себя, вы станете очень открытым и честным, вам будет нечего скрывать. Очень естественно, когда всё, что любим, мы стараемся показать. Если это наше любимое пальто, мы его носим. Если это любимый друг, мы часто с ним встречаемся. Так что, когда вы любите своё истинное «я», вы показываете его чаще и чаще. Вместо того чтобы прятать его под многочисленными притворствами, вы даёте вашему естеству возможность проявить себя. Такой путь позволяет вам узнать себя гораздо лучше и быстрее. Вы становитесь лучшим другом самому себе. Принимая во внимание то, что мы, обладаем естественным стремлением испытывать дружелюбие к себе, было бы как-то не очень честно говорить, что мы себя не любим. Вы можете подумать, что невозможно избежать этой нечестности в своих словах, потому что вы говорите так, следуя своим чувствам. Но это возможно. Вся нечестность идёт от чувства тщеславия, так что всё, что вам нужно делать, это молиться об избавлении от тщеславия. Тогда вы будете честным человеком и честно себя любить.

Когда любите человека, первое, что обычно делаете, вы избегаете причинять ему вред. Это также первое, что вы делаете для себя, когда становитесь другом себе. Вы избегаете причинять вред себе любым путём. Древние учителя говорят, что это начало терпения. Святой Иоанн Златоуст говорит, что терпение начинается с отказа причинять себе вред, особенно сразу после того, как кто-то извне причинил боль. Часто, когда кто-то сильно обижает или отвергает, вам хочется спрятаться и объедаться, или сделать что-то неприятное и агрессивное в ответ, или сердиться и портить себе настроение, или выпить, или покурить марихуаны, или ещё что-нибудь подобное. Представьте, когда вашего друга ударил и оскорбил какой-нибудь подлый тип, можете ли вы прийти к нему и ещё добавить? Конечно, нет. В любых ситуациях такое же отношение должно быть и к себе: если вы себе друг, то не будете причинять дополнительный вред к тому, который уже кто-то сделал. Вы сделаете всё, что в ваших силах, чтобы попытаться восстановить себя, как и любого другого человека. Но даже если вы по-настоящему любите себя, то всё равно кто-то может нанести вам вред. Тем не менее, вы твёрдо можете отказаться вредить сами себе при любых обстоятельствах. Что значит вредить себе? Как говорят отцы, мы наносим себе вред только тогда, когда разрываем связь с тем, кто является нашим благом, с Богом. Если мы любим себя, то никогда не разорвём эту связь. И никто другой не может сделать это за нас.

Здоровая любовь к себе также защищает от несправедливой критики и суждений других людей. Только суждение от Бога является полностью хорошим, справедливым и безопасным. Когда невежественные люди критикуют, мы ощущаем себя отвергнутыми и отчаявшимися, подавленными и смущёнными, как будто нет выхода для исправления обнаруженной нашей несовершенности. Божье же суждение приходит совсем по-другому. Господь до тех пор не обличает наши греховные дела, в которых нужно покаяться, пока мы сами не будем готовы для очищения. Когда Он судит, наши сердца переполняются громадным волнением, подобно бурлению в библейском водоёме прямо перед тем, как человек в него вступает для исцеления. Мы никогда не чувствуем отвергнутости или растерянности, когда судит Бог. Судящие же нас люди часто захлопывают перед нами дверь и не пускают к себе. Но Бог никогда ни перед кем не закрывает дверей. Он показывает нам наши недостатки только тогда, когда дверь к пониманию, и раскаянию, и спасению широко открыта.

В заключение, вы понимаете, как это необходимо любить себя и, согласно великой Божьей заповеди, любить своего ближнего как себя самого. Но если вы не любите себя, то даже не можете приступить к выполнению этой заповеди. В ранние дни христианства людей учили не пытаться начинать с этой заповеди до тех пор, пока они не приобретут здоровой любви к себе и не научатся защищать и приносить пользу себе всевозможными путями. Один святой учитель сказал, что лучше считаться нищим бродягой, чем пытаться принести пользу своему ближнему до того, как вы научились приносить пользу себе. Кипучая деятельность в занятиях благотворительностью для других, когда вы всё ещё не в состоянии сделать никаких благ для себя, это опасная трата времени, потому что подпитывает ханжество, высокомерие, негодование и бессердечность. Невозможно достичь понимания, как защитить и утешить другого человека, как удовлетворить его нужды или привести к хорошей жизни, если вы не научились делать всё это сначала для себя. Так что прежде, чем бессмысленно беспокоиться о чём-либо и придумывать, как принести пользу другим людям в мире, научитесь природной любви к себе, которую Бог дал вам, и станьте настоящим благодетелем для себя. Попросите Господа, и Он подскажет, как это делать. Он и есть этот Путь. Когда бы вы ни позвали Его, Он всегда рядом. Он сказал: «Я с вами во все дни до скончания века» (Матфей, 28:20).

Об авторе

Ди Пеннок приняла Православие в двадцатилетнем возрасте. После окончания Стэнфордского Университета, работая в компании Макмиллан в Нью-Йорке, она прочитала полное собрание томов «Добротолюбие» (греч. Φιλοκαλείν—Филокалия). Изучение трудов Святых отцов ранней Церкви оказало большое влияние на её понимание души человека и нездоровья, включая способы духовного исцеления.

Ди Пеннок была редактором в трёх издательских домах, редактором манускриптов факультета Харвардской Богословской Школы. Она является автором медицинских и богословских статей, а также брошюр и текстов для молодёжи. В этой книге она предоставляет читателю по шагам описание учения Святых отцов Церкви о том, как достичь духовного оздоровления, включая анализ и средства от болезней, которые сегодня классифицируются как психологические расстройства. Она популяризирует практику Святых отцов, которая подтвердила себя с апостольских времен до настоящего времени.